Siegfried Lipiner

Adam
Ein Vorspiel

Hippolytos
Tragödie

T0352453

Bern 1974
Verlag Herbert Lang

Die Thurgauische Kantonsbibliothek in Frauenfeld stellte uns freundlicherweise ihr Originalexemplar der Ausgabe Stuttgart, Verlag von W. Spemann, 1913, zur Verfügung.

Gesamtherstellung:
fotokop wilhelm weihert kg, Darmstadt

ISBN 3 261 00544 0

Nicht ohne ein Geleitwort dürfen die nachstehenden beiden Dramen in die Welt hinausgehen. Als die vollendetsten Stücke aus dem reichen Nachlaß eines Dichters, dem es nicht beschieden war, sein Lebenswerk voll zum Abschluß zu bringen und es selbst der Welt darzubieten, sind sie zunächst zur Veröffentlichung ausgewählt worden; daher hat wohl der Leser ein gewisses Recht, von dem Dichter etwas mehr als gerade nur den Namen zu erfahren. Er wird vernehmen wollen, was sonst von ihm veröffentlicht vorliegt, und welche Umstände es zur Herausgabe dieser und der anderen Werke bis dahin nicht kommen ließen.

Zwar dem Sinne des Dichters entspräche am meisten das völlige Absehen von seiner Person. Nicht bloß alles, was an Belobigung oder Anpreisung auch nur von fern erinnern würde, sondern überhaupt alles Wühlen im Persönlichen, alles Wichtig= machen äußerer Lebensumstände und Beziehungen, alles Be= leuchten auch der Dichtwerke mit dem oft so trügerischen Blend= licht literaturhistorischer und literaturpsychologischer Schulweis= heit wäre ihm durchaus zuwider. Kennen und beurteilen soll man den Dichter nach seinem Werk; dagegen gibt es keinen gangbaren Weg, die „Dichterpersönlichkeit" außer und vor dem Werk zu erfassen und dann dieses aus jener zu „erklären". Indessen verlangt das einzelne Werk nicht bloß als einzelnes ins Auge gefaßt, sondern im Zusammenhang mit dem ganzen geistigen Sein des Dichters verstanden zu werden. Und so soll hier ein erster, sei es noch so vorläufiger und unzulänglicher Versuch gewagt werden, Lipiners geistiges Bildnis in einigen Grundstrichen wenigstens zu zeichnen.

Siegfried Lipiner war in den Anfängen seines dichterischen Schaffens durchaus kein Unbekannter; er ist nur dann allmählich in Vergessenheit geraten, weil er, nach den Jugendwerken, fast nichts eigenes Dichterisches mehr veröffentlicht hat. Dies selt= same Verstummen, bei nicht bloß fortwährender, sondern innerlich aufs höchste gesteigerter Produktion, bedarf der Erklärung, wenn

3

nicht die Vorstellung entstehen soll, als habe er in einem un-
billigen Maße nicht bloß seine Zeit mißachtet, sondern selbst
auf eine einsichtigere Zukunft zu trauen den Mut verloren;
was weiterhin auf eine gefühlte, wenn auch nicht eingestandene
Schwäche seiner schöpferischen Energie den Schluß allzu nahe
legen würde. Nichts von alledem war der Grund seiner Zurück-
haltung; sondern der Grund lag darin, daß er einerseits in
wohl einzig dastehender Weise frei war von allem Ehrgeiz
des Gekannt- und Gelesenseinwollens, von aller Eitelkeit auf
äußere Erfolge; andererseits selbstlos, ganz nur seiner Kunst
hingegeben lebte, in der er, selber wachsend an den ihm wachsenden Aufgaben, unter fortwährendem innern Ringen den höchsten
Zielen zustrebte, nur an dem ganz Vollendeten darin sich ge-
nügend. Ein langjähriges körperliches Leiden, dem er am
30. Dezember 1911 erlag, und das ihm in den letzten
Jahren jede anhaltende Anstrengung, schließlich selbst das
Sprechen unmöglich machte, ließ ihn jedoch sein Ziel nicht er-
reichen. Sein Höchstes, sein eigentliches Lebenswerk trug er
noch in sich.

Lipiner wurde in Jaroslaw in der Gegend von Lemberg
den 24. Oktober 1856 geboren. Von da kam er nach Wien,
wo er seit Oktober 1871 das Gymnasium besuchte und im Juli
1875 die Reifeprüfung ablegte. Innerlich war er längst über
die Schule hinausgewachsen, daher es, gegen allen Brauch,
ihm erlaubt wurde, während der letzten Schuljahre zugleich
schon einige Vorlesungen an der Universität zu hören. Ge-
nötigt, seinen Unterhalt durch Stundengeben großenteils
selbst zu erwerben, brauchte er die oft weiten Wege von einer
Stunde zur anderen, und dann wohl die halben Nächte,
zu unersättlichem Lesen und Studieren. Man erstaunt, was
alles schon der reifere Knabe nicht bloß kennen gelernt,
sondern bis in alle Tiefen durchdrungen hatte, in derselben
Zeit, in die zugleich schon die Anfänge seines dichterischen
Schaffens fallen. Denn den „Prometheus" hat er mit achtzehn
Jahren gedichtet; was fast noch wunderbarer erscheint wegen
des schweren, der strengsten philosophischen Prüfung stand-
haltenden Gedankengehaltes dieser Dichtung, als wegen der so
ganz eigenen dichterischen Formung. Wer in solcher Jugend

4

solches schreiben konnte, in dem mußte eine gleich geniale An= lage zum Denker wie zum Dichter liegen. Wirklich hat er schon als junger Student nicht bloß Literatur, sondern Philo= sophie, Geschichte und Sozialwissenschaft in einem Grade be= herrscht, daß er durch gründliche Kenntnis, radikales Erfassen der Probleme und eine seltene Kraft Ueberzeugung wirkender Darlegung seiner oft überraschend neuen, schlagend richtigen Auffassungen nicht selten den Fachgelehrten beschämte und entwaffnete.

Nicht mehr als vier Semester hat er an den Universitäten Wien und Leipzig ordnungsgemäß studiert; länger litt es nicht auf der Schulbank den, der auf den Lehrstuhl gehört hätte. Er setzte daher auch den normalen Gang der akademischen Studien nicht fort und erwarb das Doktorat erst in viel späteren Jahren als Bibliothekar, da er kurze Zeit an eine akademische Wirksam= keit dachte. Seiner Doktorpromotion verdanken wir eine hoch= bedeutende Arbeit: „Homunculus, eine Studie über Faust und die Philosophie Goethes," die in vollständiger Ausführung vor= liegt. Die baldige Veröffentlichung dieser Schrift ist schon des= halb dringend zu wünschen, weil sie die Philosophie Goethes auf ihre historischen Wurzeln zurückführt und, man muß sagen, zum erstenmal in geschlossenem logischem Zusammenhang dar= stellt. Sie läßt damit zugleich tiefe Blicke tun in Lipiners eigene Weltanschauung nach ihren wissenschaftlichen Grundlagen. Und sie wirft, in einer ihres Gegenstandes voll würdigen Dar= stellung, ein höchst bedeutsames und völlig neues Licht auf die ganze Faustdichtung. Man spürt: es ist nicht bloß ein Denker, der über den Denker, sondern auch ein Dichter, der über den Dichter spricht.

Umfassende und tief eindringende Forschung hat er außer= dem geübt an der Bibel alten wie neuen Testaments, an Kirchen= geschichte und Dogmatik, christlicher und orientalischer Mystik, und natürlich an der großen Literatur aller Völker und Zeiten; von der unsrer Zeit noch nahestehenden Literatur war es Dosto= jewski, den er, bei aller weiten Verschiedenheit der Darstellungs= art, als in der Denkweise ihm selbst nächstverwandt empfand.

Auch praktische Anlagen mangelten ihm keineswegs. So dankt es in weitem Umfange ihm die Wiener Reichsrats=

bibliothek, der er 30 Jahre vorstand, daß sie von Sachver=
ständigen als eine der best eingerichteten der Welt bezeichnet
wurde. Die Bibliothekarstellung brachte ihn auch mit der
Politik in zeitweilig sehr aktive, obwohl nach außen nicht hervor=
tretende Berührung. Dagegen hat er nach irgend welcher
Wirkung ins Breite nicht nur nicht gestrebt, sondern sie bewußt
und grundsätzlich gemieden. Auch seine fortreißende Bered=
samkeit hat ihn zu öffentlichem Hervortreten nie gelockt; nur
ganz selten gelang es, ihn zu einem Vortrag zu bestimmen;
gerade die außerordentliche Wirkung, die er als Redner übte,
scheute er, nicht etwa aus Zaghaftigkeit, sondern weil er ihr
objektiv keinen Wert beimaß; weil es ihm, wenn er über Großes,
tiefer Gehendes sprach, nicht um eine bloße Augenblickswirkung
seiner Rede zu tun war, sondern darum, daß das Große um=
wandelnd und befruchtend wirke, „nicht auf die Seele, sondern
in die Seele dringe." Darum legte er soviel Kraft in die per=
sönliche Einwirkung auf den Einzelnen. Keiner, der sie er=
fahren durfte, wird sie je wieder vergessen können. Man dankte
ihm nicht einzelne Aufklärungen und Hilfen allein, sondern
Lebenskeime von unsterblich fortwirkender Energie. Auch das
hilft erklären, weshalb am Schreiben, vollends am Veröffent=
lichen, ihm so gar viel nicht gelegen war. So blieb vielleicht
das Meiste, das in ihm lebendig war, ungeschrieben. Doch
liegen immerhin in seinem Nachlaß, vom „Homunculus" ab=
gesehen, noch reiche Schätze verborgen; darunter drei größere
Dichtungen aus früherer Zeit: „Arnold von Brescia", „Echo"
und „Der neue Don Juan", einige ausgeführte Teile der
Christusdichtung nach dem ersten Plan des Dichters, und
lyrische Gedichte.

Wie im Leben, so war es auch in der Dichtung Lipiner
stets nur um ganze, bis zum Ewigkeitsgrunde des Menschen=
wesens zurückreichende Wahrheit, um den schweren, den tragi=
schen Ernst des Menschendaseins zu tun. Selten nur, obgleich
dann durch den Kontrast um so wirksamer, kommt ein höchst
eigener, persönlicher Humor zum Vorschein, so in der dadurch
besonders anziehenden, leider Fragment gebliebenen Dichtung
„Bruder Rausch". Niemals aber zerstört bei ihm, wie bei
so manchem Anderen, der schwere Denkgehalt die Dichtung

6

felbſt. In der Wiſſenſchaft ſchärfſter Analytifer, iſt Lipiner in ſeiner Dichtung reiner Synthetifer. Synthetiſch aber und damit dichteriſch laſſen ſich die verborgenen Tiefen des Menſchen= lebens nicht anders erfaſſen als in religiöſem Sinn, der durchaus nicht an überfommene Religionsformen gebunden ſein muß. Dieſer tiefe religiöſe Sinn, im Verein mit der durch= dringenden Klarheit und Schärfe ſeines Geiſtes, befähigte ihn, die Probleme des menſchlichen Lebens bis in ihre dunfelſten Abgründe zu durchleuchten und, was das Höchſte ſagt, zur Löſung zu bringen; das macht ihn zu einer ganz einzigartigen Erſcheinung unſerer Literatur und der Literatur überhaupt.

Er, der jüdiſcher Abſtammung war — erſt viel ſpäter, 1891, trat er zum evangeliſchen Glauben über — hat, ſchon von ſeiner erſten Dichtung an, das Problem des Chriſtentums ſo groß und rein erfaßt wie wenige Chriſten, wie Wenige über= haupt. Es in der Höhe der Vollendung, in der es ihm inner= lich vor Augen ſtand, auch zu äußerer, lebensvoller Darſtellung zu bringen, war ſein eigentliches, ſein letztes fünſtleriſches Ziel. Jafob mit dem Engel ringend, ein von ihm beſonders geliebtes Bild Rembrandts, iſt wie ein Symbol ſeines Ringens mit dieſer hohen Aufgabe, an der er ſich faſt verblutet hat. Nicht minder rein und tief aber erfaßt er (im „Hippolytos") den Geiſt der griechiſchen Religion, der in gleicher Tiefe und Innigfeit nur etwa Hölderlin ſich erſchloſſen hat. Eine irgend erſchöpfende Darſtellung der religiöſen Anſchauungen Lipiners würde freilich die volle Kenntnis nicht nur des dichteriſchen, ſondern des ganzen, nicht zum wenigſten auch des brieflichen Nachlaſſes erfordern; ſie muß daher einem ſpäteren Zeitpunft überlaſſen bleiben.

Gleich die erſte, von den zu ſeinen Lebzeiten veröffentlichten ohne Frage machtvollſte Dichtung: „Der entfeſſelte Prome= theus"[1] führt mitten hinein in die Tiefen des religiöſen Ringens der Menſchheit. Faſt als ob ſich das von ſelbſt ver= ſtünde, verſchlingt ſich mit dem Prometheusmythus der Chriſtus= mythus. Die Loslöſung des Menſchen von einer fremd von außen ihm gebieten wollenden Göttermacht wird zur bloßen

---

[1] Leipzig, Breitfopf & Härtel, 1876.

7

negativen Vorstufe der Wiedergeburt Gottes im Menschen, die zugleich diesen und den leidenden Gott erlöst. So möchte etwa in dürrer Begriffssprache sich ausdrücken, was in intensivster Fülle in dieser Dichtung sich darstellt. Weite Leserkreise hat sie nicht erobert; aber um so mächtiger war die Wirkung dieses „göttlichen Gedichts" auf die wenigen Verstehenden. „So sollte es eigentlich heißen, denn es umfaßt die göttliche Komödie der neuen Zeit, wie Dantes „Divina Commedia" die des Mittelalters umfaßt, und der junge Dichter gleicht dem alten in der Größe der Empfindung, in den Lavaströmen des heiligen Zorns, in den Entzückungen einer fernen, seligen Hoffnung, in der wunderbaren Schönheit der Form"[1]). „Ganz neuerdings erst erlebte ich durch den „Entfesselten Prometheus" einen wahren Weihetag. Wenn der Dichter nicht ein veritables „Genie" ist, so weiß ich nicht mehr, was eins ist: alles ist wunderbar, und mir ist, als ob ich meinem erhöhten und verhimmlischten Selbst darin begegnete. Ich beuge mich tief vor einem, der so etwas in sich erleben und heraus= stellen kann," schrieb von diesem Werke Friedrich Nietzsche an Erwin Rohde. Die Beziehung zwischen Lipiner und Nietzsche, die sich nicht persönlich, aber brieflich damals sehr nahe ge= kommen sind, war freilich nur von kurzer Dauer, da Lipiner sich von der Richtung, die Nietzsche bald darauf einschlug, ent= schieden abwandte. Auch Richard Wagner empfing von dem Werke einen so starken Eindruck, daß er den jungen Dichter in sein Haus nach Bayreuth einlud, wo er eine Zeitlang weilte. Sein zweites Werk war der „Renatus"[2]), Frau Malvida v. Meysenbug gewidmet, gleich dem „Prometheus" ein Epos, doch in lyrischen Formen, und mehr noch als jener eine Dichtung von traumhafter Ueberweltlichkeit. Viel zugänglicher ist die wundervolle Sammlung „Buch der Freude"[3]); und es ist schwer begreiflich, weshalb auch ihre reichen Schätze sich weiteren Kreisen dennoch bisher nicht erschlossen haben. Stücke wie das „Nachtlied", „Was tut's?", „Geduld", manche der Sonette

---

[1]) Aus einem ungedruckten Brief Malvidas v. Meysenbug.
[2]) Leipzig, Breitkopf & Härtel, 1878.
[3]) Leipzig, Breitkopf & Härtel, 1880.

vereinigen in sich alle Eigenschaften, die einem Gedicht klassische Geltung zu erteilen pflegen. Aber freilich ist die „Freude" nie Gemeingut gewesen, welche die Bejahung des Lebens erst aus dem „Fegfeuer" des Schmerzes, der Verzweiflung heraufholt, und die Freuden und Schmerzen dessen, was den Meisten das „Leben" bedeutet, entschlossen hinter sich wirft.

Den wenigen Erlesenen aber blieb Lipiners Name teuer, und sie erwarteten von ihm noch Großes. Mit Erwin Rohde, Johannes Volkelt stand Lipiner um jene Zeit in regen Beziehungen; der alte Fechner verkehrte in Leipzig auf das herzlichste mit ihm, und Karl Hase in Jena las den jungen Theologen im Seminar den „Prometheus". Um dieselbe Zeit war es auch mir vergönnt, dem Dichter persönlich nahe zu treten; es war in Straßburg, wo er, veranlaßt durch einige damals dort studierende Wiener Freunde, im Sommer 1879 mehrere Monate verbrachte. Bayreuth und Basel lagen damals bereits hinter ihm; beiden stand er, obgleich in warmer Freund= schaft, doch schon mit sicherer, scharf begründeter Kritik gegen= über. Kurze Zeit hielt er sich dann in Berlin auf, in der Ab= sicht, wissenschaftlich weiter zu arbeiten. Aber längst war er über die Universität innerlich hinausgewachsen; er wandte sich bald nach Wien zurück, wo er 1881 eine gesicherte Lebens= stellung als Bibliothekar des Reichsrats gewann und seinen Hausstand begründete.

Als Dichter aber ist er seit dieser Zeit fast verstummt. Noch erschien in der Wiener „Deutschen Zeitung" eine Folge von Feuilletons, die von einer über den Rahmen von Zeitungs= aufsätzen weit hinausragenden Bedeutung und Größe des Ge= haltes sind; dann im Jahre 1882 das schon erwähnte Fragment „Bruder Rausch"[1]); der erste Gesang einer diesmal rein epischen Dichtung, deren leider unterbliebene Fortsetzung eine Art Faustiade geworden wäre. Es folgten Uebersetzungen zweier Dichtwerke des Mickiewicz: des Epos „Herr Thaddäus"[2]) und der Tragödie „Totenfeier"[3]), glänzende Zeugnisse seines

---

[1]) Deutsches Dichterbuch aus Oesterreich. Herausg. von K. E. Franzos.
[2]) Leipzig, Breitkopf & Härtel, 1882, 2. Aufl. 1898.
[3]) Leipzig, Breitkopf & Härtel, 1887.

sprachlichen und dichterischen Gestaltungsvermögens, denen viel später (1905) das Gedicht „Faris"[1]) (Der Wüstenreiter) folgte, Uebertragungen, die in ihrer packenden Lebendigkeit es ganz vergessen lassen, daß man nicht Originaldichtungen vor sich hat. Auch ein Operntext „Merlin" wurde (1886) für Goldmark verfaßt. Aber kein großes, abgeschlossenes, ganz eigenes Dicht-werk erschien mehr.

Was war der Grund des Schweigens? Die Antwort ist oben bereits gegeben worden: nicht ein Nachlassen der Pro-duktion, sondern gerade eine solche innere Steigerung derselben, die ein Abschließen immer schwerer werden ließ. Er konnte nach dem titanischen Ansturm seiner Jugendjahre nur noch nach den allerhöchsten Zielen ringen. Und Lipiner durfte es. Aber indem er zu immer höheren Stufen emporstieg, achtete er kaum mehr dessen, was hinter ihm lag.

Eines vor allem hielt nicht seine Produktion, aber jede Ver-öffentlichung zurück: seine Christusdichtung, gegen die alles andere ihm zurücktrat und von der er öfters sagte: Ich fordere, was Niemand von sich noch von Anderen fordert, beinahe das Unmögliche. Daß es für ihn an sich nicht unmöglich war, hat er bewiesen: Zweimal stand das schon in den äußeren Dimen-sionen gewaltige Monument fertig da; zweimal bewies er die Energie, das vollendete Werk umzustoßen und ganz wieder von vorne zu beginnen, weil die Idee des Ganzen ihm inzwischen wiederum neu und größer aufgegangen war. Nach dem end-gültigen Plan ist dann nur das Vorspiel „Adam" noch ganz fertig geworden, dem drei große Tragödien folgen sollten: „Maria Magdalena", „Judas Ischarioth", „Paulus in Rom". Doch wäre das Werk das drittemal in wiederum neuer Gestalt erstanden, wenn nicht sein schweres physisches Leiden ihm die Ausführung desselben — so wie er sie von sich forderte — unmöglich gemacht hätte. Denn in seinem Kopfe stand auch diesmal das Ganze schon mehr als den Grundzügen nach fertig da, wie denn seine Gedichte oft lange vor der Niederschrift in ihm vollendet waren; auch diese seltene Kraft des Festhaltens hilft erklären, weshalb so manches schließlich ungeschrieben blieb.

---

[1]) Süddeutsche Monatshefte. Herausgegeben von Koßmann.

Doch ist das hier aus dem Nachlasse des Dichters veröffent=
lichte dreiaktige Trauerspiel „Adam", obwohl Vorspiel zur
Trilogie Christus benannt, ein in sich völlig abgeschlossenes
Ganzes. Seine ergreifende Wirkung beruht nicht auf der
vollendeten dichterischen Gestaltung allein, sondern ebenso
sehr auf der ganz neuen und tiefen Auffassung des Para=
diesesmythus und dem gewaltigen Leben jeder einzelnen Ge=
stalt. Das empfindet man in der Person des Adam, mit
dem man alle Qualen, die ganze unsägliche Last der Pro=
bleme, die das bewußte Sichlosringen des nach dem Lichte
der Erkenntnis dürstenden Menschen vom blinden Naturtrieb
einschließt, durchlebt; nicht minder in Kain; noch nie ist
so erschütternd, wie in dieser Gestalt, das Aeußerste von
Menschenunseligkeit, von Gottferne dargestellt worden; während
die Gestalt Abels, die auf Christus ahnungsvoll vorausdeutet,
uns all die tiefe Freudigkeit mitempfinden läßt, die das innere
Licht, die Gottesnähe in sich selber birgt. Gustav Mahler
schrieb über diese Dichtung, sie gehöre zu den schönsten Besitz=
tümern der Welt, auch wenn sonst nichts dazu käme.

Noch ein Werk von ganz reifer äußerer wie innerer Voll=
endung ist zum Glück erhalten und erscheint hier, trotz der
großen inneren Ungleichheit, doch mit einem gewissen Recht
neben dem „Adam"; ein Werk, aus glücklichster Inspiration
gleichsam nebenher — in nicht viel mehr als 14 Tagen —
erdacht und ausgeführt: „Hippolytos". Es entnimmt nur
die Umrisse des Stoffes einer berühmten Tragödie des Euri=
pides, die zur „Phädra" durch Seneca und Racine umgedichtet
wurde. Doch ist es, in höherem Sinne noch als Goethes
„Iphigenie", eine Neuschöpfung, die von der gegebenen Fabel
nicht mehr als die unverwischbaren Grundzüge festhält; eine
Tragödie der Liebe, von der man sagen darf, daß sie sich durch
ihre hohe Reinheit in aller Stärke und bezwingenden Gewalt
der Empfindung ganz außerhalb der langen Reihe der Liebes=
tragödien stellt. Nimmt man dazu die Musik der Sprache, ihre
volle Durchtränkung mit Rhythmus und Melos, die hinreißende
Steigerung bei der doch ganz innerlichen Entwicklung der Hand=
lung, so möchte man wieder von diesem Werke sagen: Wäre
es das einzige, es müßte dem Dichter seinen Platz unter den

ganz Großen sichern. Und so sind in diesen beiden Werken die Hoffnungen, welche die Jugenddichtungen Lipiners weckten, uns erfüllt.

Von nicht minderer Vollendung, obwohl spärlich an Umfang, ist das bisher noch nicht publizierte Lyrische aus des Dichters reifster Zeit. Doch liegt der echte Reichtum der Produktion eines Dichters schließlich nicht in der Masse, sondern in der Vollendung jedes einzelnen Stückes.

Soll man nun versuchen, den Dichter in irgend eine der feststehenden Rubriken einzuordnen? Ist er „klassisch", ist er „modern"? Diese Begriffe sind zu wenig eindeutig, um eine schlichte Beantwortung zuzulassen. Jedenfalls: sieht man den Fortschritt der Dichtung, wie aller Kunst, zunächst in formaler Hinsicht, in der wachsenden Prägnanz, in dem strengen Ausschalten alles nicht zur Sache unbedingt Gehörigen und Zusammendrängen in eine einzige, zwingende Totalwirkung geistigster Art; oder sieht man sie, mehr inhaltlich, in der immer tieferen Durcharbeitung, aber auch sieghaften Bewältigung der schärfsten Dissonanzen des Menschendaseins, in beiden Fällen bezeichnet Lipiners Dichtung einen Fortschritt im höchsten Sinne.

Sein Werden aber in den einzelnen Phasen der Entwicklung zu verfolgen, ist uns versagt. Wir sehen ihn, nach dem langen Schweigen, mit einem Male auf ungeahnter Höhe, und erkennen doch gerade in seinen reifsten Werken die Züge des Jünglings wieder, von dem Richard Wagner sagen konnte, er erscheine ihm wie ein Paulus, so feurig, kraftvoll und intensiv das Wahre wollend. Es gibt vielleicht keinen zweiten Dichter, der in seinem gesamten Lebenswerk eine so tiefe und reine Einheit der Grundstimmung und des Grundgehaltes bewahrt hat; so daß sein ganzes reiches Werk fast wie nur e i n e gewaltige Variation desselben, freilich unerschöpflich reichen Grundthemas erscheint.

Unvergeßlich ist der Eindruck, der von der Persönlichkeit Lipiners mir geblieben ist. Von intensivstem Leben, von Kämpfen auch und Schmerzen zeugten die früh schon sehr durchgearbeiteten Züge; aber wie triumphierte darüber das leuchtende Auge, die mächtige Stirne! Es lag in seinem Blick etwas Erhabenes, nicht Kampf nur, sondern Sieg; eine Klarheit, die in alle

12

Dunkelheiten des Menschendaseins unerbittlich hineinleuchtete, um sie niederzuzwingen; und eine alles überwindende, durch nichts überwindliche Menschengüte und Liebe. So ist das Bild des Zweiundzwanzigjährigen mir fest im Sinn geblieben, und so haben bis zuletzt auch jene ihn gekannt, die im Leben ihm die Nächsten sein durften. —

Bin ich mit diesem allen nun vielleicht doch dem Vorsatz untreu geworden, nicht des Dichters Lob zu singen, und seine Person durchaus zurückzustellen gegen sein Werk? — Aber ich meine, von seinem Werk gesprochen, es beschrieben zu haben, schlicht wie es in mir lebt. War mir dies vielleicht um ein weniges dadurch erleichtert, daß ich auch den Menschen ge= kannt, daß ich einige seiner wärmsten Dichtungen aus seinem Munde habe vernehmen dürfen, so wird doch sicher kein an= deres Bild von dem Werk und damit von dem Menschen in einem jeden wieder lebendig werden, der die „gemalten Fenster= scheiben" nicht wie „der Herr Philister" von außen, „vom Markt in die Kirche hinein", sondern recht als „Kind Gottes" von innen betrachtet. Doch, sollte ich dem und jenem etwas zu warm bewegt die „heilige Kapelle" zu grüßen scheinen — nun, trete er hinein und werde nicht vom Geist ergriffen!

Paul Natorp.

Adam

Vorspiel zur Trilogie „Christus."

———

Perſonen:

Adam,
Eva,
Kain,
Abel.

———

Erster Akt.

Links Adams Hütte: kleinere Tür in der dem Zuschauer zugekehrten Seitenwand; größere Mitteltür gegen den offenen Bühnenraum. An die Hütte stoßend ein umzäunter Garten. — Felsen, Bäume, Buschwerk. — Der Hintergrund Wiese und Acker, von wildbestem Wald abgeschlossen.

Abenddämmerung. — Zur Linken auf einer Art Ruhebank aus Rasen und Gestein dicht vor der Hütte Eva, nach dem Hintergrunde ausblickend; ihr gegenüber am rechten Ende der Bühne Adam, auf einem Felsen sitzend. — Kurzes Schweigen.

Eva.

Dort war's.

Adam.

Laß ab!

Eva.

Tief, tief im Osten liegt es;
Vom fernsten Himmel blickt das Licht darein.

Adam.

Das müde Licht verrinnt zu grauem Schein;
O wann versiegt es und die Nacht bricht ein?

Eva.

Und mein Erinnern, fern nach Osten fliegt es —

Adam.

Die Schatten — wie sie schleichen durch die Stille;
Verwünscht die Halbnacht und die bange Pein! —
Was suchst du drüben in der Dämmerhülle?

Eva.

Jenseits der Wildnis, dort war's, wo er lag,
Der Garten —

Adam.

Garten?

Eva.

Prangend Baum an Baum!

Adam (mit leiser Wendung gegen den Garten)
Das ist nur wie ein Traum, erzählt bei Tag:
Gebild des Tages überspinnt den Traum.

2

Eva.

Da war — wie sag' ich's? Sieh', und ob dem Tal
Glanzlos Gewölk — dahin der letzte Strahl! —
Glück war es, Frieden —

Adam.

Denkst du's zu erneuen

Nach Worten tastend?

Eva.

Stille — stilles Freuen —

Ja, dort war Frieden!

Adam.

Frieden; — das war einmal.

(Er steht auf)

Ich aber will nicht Frieden. Zwist und Qual,
Das will ich.

Eva.

O wie redest du?

Adam.

Jenseits der Wildnis ist urew'ge Ruh':
Geht dahin wohl dein Sehnen und Gedenken?
Ja, könnt' ich dahin: nicht des Walds Gedörne,
Noch Nacht und Grau'n sollt' mir den Weg verschränken;
Wo nicht die Sonne war, noch Mond und Sterne, —
Nicht Fried' und Unfried' — und nicht ich, noch du —

Eva.

Still, still.

Adam.

Du schauderst. Dahin willst du nicht;
Doch willst du Frieden. Wohl, dir weis' ich ihn.
Es ist kein and'rer unter diesem Licht, —
Hör' es, o Weib, — noch war ein andrer je;
Den Weg auch weis' ich dir. Geh' hin:
Dort —!

Eva.

In den Garten?

Adam.

In die Wildnis geh'!
Die Wildnis war der Garten!

(Eva blickt ihn betroffen an; er versinkt in Sinnen; dann fährt er fort)

                              An der Wildnis Saum —
War es? gedenk' ich's? doch ist's mehr als Traum —:
Der erste Atem, der die Brust geschwellt —
Und uns entgegen atmete die Welt!
Zwischen die Stämme setzten wir den Fuß —
Und wie's aus Erd' und Flut und Luft und Zweigen klang:
Die Wildnis sprach! — Und klang, wie Flüstergruß —
O seltsam — daß es fast wie Schweigen klang!
„Wind schlägt die Woge, Woge wehrt dem Wind, —
Und Beide haben Frieden. Friedlich ragen
Die Bäume, — friedlich, wenn der Blitz geschlagen,
Fallen sie hin. Und horch, o Erdenkind,
Du jüngstes, wie ringsum das grimme
Getier des Walds erhebet seine Stimme —
O komm und horch: Gleichwie im Wipfelwallen
Der Vogel schläft, so schläft ihr Herz gelind —:
In ihm ist Frieden, Frieden in uns allen!
Uns treibt's dahin —; wohin der Trieb uns wehe,
Nicht wissen wir's, noch mögen wir es lenken;
Das mag der Vater, der uns schuf, bedenken,
Sein Wille ist's, sein Wille denn geschehe."
                        (Zu Eva)
Willst du zu ihnen?

                    Eva.
            Zu den Tieren?

                    Adam.
                        Dort —,
In trauter Finsternis, wollt' er mich halten!
Einsamen Wissens über Sternen walten!
Und tauchte meine Stirn in Wolkenflut,
Und aus der Wolke kam das Wort:
Du sollst nicht wissen, was Bös und Gut.
                    (Er hält inne)
Nicht wissen! — Hört' ich's? war's ein bang
Vorkündend Weh'n, das durch die Seele glitt?
Im flutenden Wald — wie aus dem Allgesang
Gelöst, schrill=einzeln, auffuhr Klang um Klang,
Und reizt' und zog den haftenden Tritt
Ins Dickicht — tiefer, tiefer. — Was zog die Wolke mit? —

Adam

Nicht wiſſen! — — Und ringsum die große Gier,
Schüttelnd die Wildnis! Und das ew'ge Tier,
Der Trieb, der blöde, — in Leibern tauſend, tauſend
Sich ſelbſt erſchaffend, aus tauſend Brüſten brauſend,
Setzt' er die Zähne in ſein ächzend Fleiſch, —
Und mitten im Wirbel und Angſtgekreiſch,
In dieſem Brodem voll Schlamm und Blut:
Der Wildnis friſchgeworf'ne Brut,
Die jüngſten Tiere, die friedlichen, — wir!
Doch leiſe, leiſe pocht' ein wachſend Grauen
Die Seele wach, — das Auge rang nach Schauen,
Und nach Vernehmen dürſtete das Ohr —
Wie kam's? wie war's? die Wolke flog empor —

Eva.

Da pflückten wir die Frucht — o bitter war die Frucht!

Adam.

Die Frucht? wie war's? In tiefſte Nacht gehüllt
Fand ich mich jäh — und jäh zerriß
Die Nacht — und Bitternis, ja Bitternis
Hat ganz den Gaumen mir gefüllt!

Eva.

Weh!

Adam.

Klagſt du? Weg vom Ohr mir dieſe Klage!
Mir iſt das Licht, ich bin dem Licht erkoren,
Und in die Sonne wird dies Aug' ſich bohren,
Und füllen ſich mit ihrem Tage,
Bis es erblinde oder ihn ertrage!
Und ich will ſpäh'n und ſpüren und ergründen,
Will eine Fackel mir entzünden
Und leuchten in das Antlitz dieſer Welt —

Eva (umarmt ihn)

Adam, wie deine Wangen glüh'n!
So ſeltſam fern dein Blick, — wo blickſt du hin?
Und ſiehſt mir nicht, wer dich umfangen hält —?
Adam! — Entfloh'n ſind wir ja längſt dem Graus
Des wilden Walds —

20

Adam (vor sich hin)

Sind wir entfloh'n?

Eva.

Und stillen Schimmer gießt der Mond uns Haus;
Die Herde schläft. Und von des Tages Müh'n —
O blick' mir auf! — kehrt heim dein Sohn.

Adam.

Abel — ist's Abel?

Eva.

Kain kommt vom Feld.

Adam (für sich)

Kain!

(Kain tritt auf)

Adam.

Wo ist dein Bruder?

Kain.

Bin doch nicht
Der Hüter meines Bruders.

(Eva blickt zu Boden; Adam betrachtet ihn finster)

Aller Pflicht
Hab' ich genügt, den Acker wohl bestellt,
Gebetet auch, wie mir dein Wort gebot,
Um Segen für die Saat und Abwehr böser Not.

(Pause.)

Den Zaun hab' ich erhöht, denn Schaden droht
Gar viel Getier. Von Abels Herde auch
Hat Manches, springend über Zaun und Strauch,
Sich in mein schweißgenetztes Feld verirrt.
Denn achtlos ist er und ein schlechter Hirt.
Da sitzt er, träumt ins Weite, — bis ein Blöcken
Fernher ihn weckt von Lämmern und von Böcken:
Dort ist die Herde, wo sie nicht sollt' sein.
Nun stürzt er hin, schlägt mit dem Stab,
Blindwütig, wie er ist, aufs Ungefähr;
Da rennen sie denn kreuz und quer,
Dies hügelauf und jenes hügelab,
Und schlimmer wird es, als vorher,
Und wie er schreit, kein Schakal schreit so wild,
Und sündhaft, wie er flucht und schilt:

„Du Mißgeburt! Elendes Bocksgezücht!
Sie tun's zu Fleiß! — Daß dir die Beine
Festwachsen an den Boden, schnöder, krummer Wicht!
Schmutzbärtiger!" Und über Stock und Steine
Jagt er sie so, — und dann, am Ende,
Bleibt er, wie hilflos, steh'n und ringt die Hände
Und weint vor Zorn.

(Adam lacht leise)

Ihr aber lacht,

Denn euch gefällt's.

Adam.

Was hast du sonst vollbracht?

Kain.

Sonst —

Adam.

Ein Gelübde hab' ich streng gelobt:
Ihm, dessen Huld ich wunderhaft erprobt,
Mit neuem Heiligtum wollt' ich ihm danken.
Und dir befahl ich —

Kain.

Den Altar —

Ich hab' ihn nicht gebaut. Seit es getagt,
Hab' ich den Leib mir abgeplagt;
Der Abend kommt und meine Kniee wanken:
Da sollt' ich —

Adam.

Tun, was dir geboten war.

Gut ist's, den widerspenst'gen Leib zu zwingen.
Sollst du ein Werk im Dienst des Herrn vollbringen
Und murrst? Wo auf dem Berg der Wald sich lichtet,
Sei ein Altar, — und heut' noch, — aufgeschichtet;
So sagt' ich. Geh'!

Eva.

Adam, es ist Gefahr.

Nacht ist's und steil der Weg.

Kain.

Und matt mein Fuß,

Und matt die Hand.

22

Adam.

Je schwerer es dir fällt,
Je höher lohnt's der Herr der Welt.
Geh' hin und tu's.

Eva.

O Adam!

Adam.

Tu's!

Kain.

Laß Abel mit mir geh'n.

Adam.

Nein, geh' allein.

Kain.

Nicht leicht, wie meines, wagst du Abels Blut.

Adam.

Sein Leben ist in Gottes Hut,
Wie dein's.

(Plötzlich auffahrend)

Nun aber laß es! — Laß es sein!
Nicht straft dich heut' mein Zorn; der Zorn des Herrn auf dich!
Ich werde geh'n.

Eva.

Geh' nicht!

Kain.

Es ist nicht Not:

Ich hab's getan.

Adam.

Getan?

Kain.

Ermattet schlich

Mein Leib hinauf und tat's. Denn dein Gebot,
Wie ehrt' ich's nicht? Stets hab' ich dich geehrt,
Wie mich des Herrn Gesetz und du gelehrt.
Und wenn ich log, so war's —

Adam.

So war's —

Kain.

Warum? —

(Er stockt, dann mit verhaltener Wut)

23

Adam

Muß ich gehorchen, blind und stumm,
Und jagst du hinter mir: Tu' dies, tu' das,
Tu', was du n i ch t willst, — was du willst, das laß,
Zwinge dein Fleisch und zähme dein Gelüst —:
Ich tu's, ich tu's; — gehorsam ist
Mein armes Fleisch, ich zwinge das Gelüst.

Adam.

Ich weiß es.

Kain.

Plötzlich raunt's, im Augenblick:
Tu's nicht! — Wie beb' ich vor des Panthers Sprunge!
Denn wie der Panther springt der Hindin aufs Genick,
So, sagst du, kommt die Sünde —

(Ausbrechend)

O, daß er nicht springt

Adam.

Das war's. Und wenn's den Händen nicht gelingt,
So trotzt doch hinterdrein die Zunge!

Kain (knickt zusammen)

Ist das gesündigt? O vergieb!
Nicht trotzen wollt' ich, — weiß nicht, was ich wollt'.
Abels gedacht' ich. Ja, — er geht so hin,
Traumhaft des Wegs; und wenig kümmert's ihn,
Was Gott und dir leid oder lieb.
Still hört er, was er tun und laffen sollt',
Und geht, — und tut und läßt, wie's ihm behagt,
Und nicht entsinnt er sich, was du gesagt.
Und dir gefällt's.

(Er tritt näher zu Adam)

Und fährt er aus dem Traum,
Und jäh, wenn ein Geringstes ihn bewegt,
Schlägt er um sich, wie er die Herde schlägt,
Und hält die Hand vom Schlimmsten kaum:
So ist's das Blut, das ihm im Leibe rollt!
Denn euch gefällt's.

Adam.

Dein Ohr kann es bezeugen,
Daß deine Zunge lügt! Hart hab' ich ihn bedroht,
Und wie ich dich gebeugt, werd' ich ihn beugen!

24

Kain.

Bedroht, — als er die Fäuste schwang
Und stellte sich vor mich und schwor mir Schlag und Tod,
Und mich zu haffen all sein Leben lang!

(Adam lacht)

Nun lachst du wieder.

Adam.

Weißt wohl, wie er haßt,
Und sahst es gleich.

Kain.

Ich kenne seinen Sinn.
Ich widr' ihn an — dich auch, so dünkt mich fast —:
Ich weiß, warum.

Adam.

Nun denn, so sag'.

Kain.

Weil ich Gott fürchte — ja, weil ich gehorsam bin.

Adam.

Torheit!

Kain.

Warum darf ich nicht tun, wie er?
Was legst du deine Hand auf mich so schwer?
Bin ich nicht rein, gleich wie der reine Tag?
Denn ich hab' ausgetilgt die Sünd' aus meinem Blut,
Und ausgetan das Tier aus meinem Leibe,
Und selbst zu wählen weiß ich zwischen Bös und Gut, —
Und was er nicht darf tun und dennoch tut,
Darf ich's nicht tun? Nicht meiner Lust vertrau'n?
Und wandeln frei, wie es mich treibe,
Und aufrecht in die Sonne schau'n?

Adam.

Nicht so! Gehorchen wirst du dem Gesetz des Herrn!
Bös ist der Trieb, und trieb' er dich zu Gutem auch:
Willst du auf Wasser steh'n? und bau'n auf Windeshauch?
Und wollte das Gesetz selbst Schlechtes (das sei fern!),
Gut ist es, weil's Gesetz ist: des Gelüstes Zucht,
Rute des Triebs! — Und sei verflucht,
Wer da auf Reinheit pocht und wähnt im Frevelmut

Zu wiſſen und zu wählen, was da Bös und Gut;
Das iſt des Herrn! Zu wählen meint der blöde Sinn,
Und ihn wählt das Gelüſt und treibt ihn her und hin.
Und tritt der Fuß, ſo wirkt er Böſes, wo er tritt,
Und wo die Hand nur hingreift, greift die Sünde mit.
Und wiſſend dünkt' ich mich vor Gottes Augen?
Und ſündelos vor ſeinem Angeſicht?
Nur lauſchen kann ich, wenn mir ſeine Stimme ſpricht;
Und ſchweigt ſie mir: was ſollt' mein Wiſſen taugen?
Das iſt mein Wiſſen, daß ich ſündig bin.
Und das die Wahl: zu wählen ſeinen Willen;
Denn ihn erfüllen kann ich oder nicht erfüllen, —
Nicht zwingt der Herr. So wähle denn dein Teil:
Ob das Geſetz dir Unheil fruchte oder Heil.
Denn darnach fällt der Spruch und ſein gerecht Gericht;
Für Gleiches Gleiches! Wer des Herrn Gebote tut,
Ihm Gutes, aber Böſes jenem, der ſie bricht:
Denn bös iſt, was verboten, — was geboten, gut.
Geh'!

(Kain entfernt ſich, dann wendet er ſich noch einmal zurück, als wollte er etwas
erwidern, ſteht einen Augenblick ſtill und geht geſenkten Hauptes ab.)

Adam (ausbrechend)

Sind wir entfloh'n? Blutiger Graus,
Schlimmere Wildnis wächſt im Haus!

Eva.

Was übermannt dich?

Adam (wie entrückt ins Weite ſtarrend)
Weib, wo ſind die Deinen?
Adam und Adam's Söhne wo?

Eva (nahe an ihm)

Nimm mich zu dir — was ängſtigſt du mich ſo?

Adam.

Wer hält es auf? Er wird ja doch erſcheinen,
Der Tag, o Weib, der findet dich allein:
Denn auch nicht Einer blieb dir von den Drei'n!

Eva (ſich niederwerfend)

Du Schrecklicher!

26

Adam.

Was sagt' ich? Ueberfallen
Hat mich der Geist des Herrn. — Steh' auf!
Er, der die Sonne lenkt und der Gestirne Lauf,
Er mag es wenden. In die Himmel hallen
Soll mein Gebet, bis er herniederblickt,
Bis er gewährt,
Daß ich mich selbst zur Sühne bringe dar
Und lege diesen Leib auf den Altar:
Denn ich — ich bin der Brand, der euch verzehrt,
Und bin der Rauch, der euch erstickt!

Eva.

Was fürchtest du? was Schlimmes ist gescheh'n?

Adam (nach einer Pause)

Sahst du wohl Kain?

Eva.

Hart fiel ihm dein Wort.

Dann schlich er fort,
Mühselig schlich er fort und schwergebückt,
Und schmerzlich war's, wie er zurückgeseh'n.

Adam (vor sich hin)

Traf er es nicht? Das Herz ergrimmt in mir,
Wenn ich ihn seh'; — die Zunge straft' ich Lügen,
Doch traf er's. Ja, ich habe schwere Wucht
Auf ihn gewälzt: da liegt das Tier
Und ächzt in Grimm. — Und weh, wenn er versucht, —
Wenn er mir aufsteht! — Und den ungefügen,
Den Knaben lieb' ich — Nein, auch ihn,
Ich muß ihn beugen! Tat ich nicht genug?
Zu viel, zu viel! — „So traumhaft geht er hin" —
Traumhaft? Nicht atmet frei, wie einst, die Brust;
Kaum weiß er's selbst, und mir ist's wohlbewußt.
Da ich die Hülle ihm zurückeschlug
Vom Schrecknis dieser Welt: Herr, hab' ich recht getan?
Den stillen Trotz wollt' ich erschüttern;
Nicht ist's geglückt. Nur bang sah er mich an,
Und durch die Glieder fuhr ein leises Zittern; —
Geworfen hab' ich einen schweren Stein

27

Auf meines Knaben Bruft. Was ist es nütz?
Die Wildnis hör' ich und ihr heif'res Schrei'n,
Die Wolke seh' ich — und sie trägt den Blitz —
Wend' ab, o Gott!

Eva.
Sag', wird er's wenden?

Adam.
Eva — er wird.

Eva.
Du weißt's?

Adam.
In seinen Händen
Liegt unsre Schickung. Auf ihn baue,
Wie ich.

Eva.
O wird er's?

Adam.
Glaube und vertraue:
Er wird!

Eva.
Hab' Dank. Wie haft du mich erschreckt.

(Sie hatte sich müde auf die Steinbank niedergelaffen; nun lehnt sie sich zurück und
schlummert nach und nach ein.)

Adam.
Müd' neigt sich ihre Stirn, und bald bedeckt
Schlummer ihr Herz und all sein Bangen,
Und nichts mehr weiß sie, wenn der Tag sie weckt.
Wär's Wahn! und mög' es nimmer nach dir langen,
Das Grau'ngebilde, das mich jäh umfangen! —
Was sollst du hier, du Stille? Von dir führt
Fern uns der Weg. Die bittre Frucht,
Die mehr uns reizt, je mehr wir sie genoffen,
Du haft sie mit den Lippen kaum berührt;
Und nur ein leises Weh ist dir ins Herz gefloffen,
Ein dämmernd Sehnen, das den Garten sucht,
Der aus dem Abendtraum entsproffen.

(Er nähert sich ihr; leise:)
Schläfst du schon, Eva?

Eva.

Fern ein holder Ton —

Noch einmal hören! —

Adam.

Eva, schläfst du schon?

(Eva ist eingeschlummert. Adam betrachtet sie eine Weile schweigend; dann tritt er ein wenig zurück, bleibt aber immer in ihren Anblick versunken.)

Adam.

Wär's besser nicht? — So still in sich gehüllt,
Wie voll ihr Leben durch die Glieder quillt!
Ich höre dich in ihren Adern rinnen,
Ich seh' dich sicher deine Wege zieh'n,
Schlafender Trieb! und alle dein Beginnen,
Nicht Wissen hemmt's, noch Wahl und zweifelnd Sinnen,
Und Niemand hält dich auf und fragt, wohin?
Wär's besser nicht? — Und mir im Herzen schlägt er,
In trautes Dunkel, o wie lockt er heiß!
Ja, all mein Leben dir entgegen trägt er,
Du süßes Leben, das sich selbst nicht weiß! —
Und in ihr zuckt ein wundersames Beben:
Bist du's, du Künftiges? In ihrem Schoß
Erschafft sich's wissenlos und willenlos,
Und neues Leben pocht in ihrem Leben.
Wär's besser nicht, o Gott, wär's besser nicht,
Du bliebst auch einstmals, an das Licht geboren,
So, wie du bist, still in dich selbst verloren?
Doch aufglüh'n wird in dir das inn're Licht
Und weisen dir, wohin die Wand'rung geht,
Die Irrnis all, und was am Ende steht —

(Eva bewegt sich unruhig)

Schläft sie wohl nicht? Schlaf dürsten ihre Lider,
Oeffnen sich doch und fallen wieder zu.
Denkt sie des Worts? — Ihr Augen, schließt euch wieder!
Es ist doch Schlummer, ist es auch nicht Ruh'.

Eva (sich halb aufrichtend)

Ist Abel heim?

Adam.

Noch nicht. Und kommt vielleicht

Nicht eher, als die Nacht verstreicht.
Du weißt es: gern schläft er bei seiner Herde.

Eva.
Doch droht ein Sturm.

Adam.
Das schafft ihm nicht Beschwerde.
Die Hürde hat er sich ganz dicht gedeckt
Mit Laub und Reisig. Gerne ruht er dort.

Eva (steht auf)
Ein graues war's — o ein entsetzlich Wort!

Adam (sie gegen die Mitteltür der Hütte führend)
Vergiß, vergiß, was dich erschreckt.
Ein ferner Klang war's, herverirrt im Wind,
Mir selbst nicht hell. — Schlaf' und vergiß es, Kind.

Eva.
O bleib' bei mir. Wie sagtest du? ein Klang —?

Adam.
Nichts sonst, du Holdes. Sei nicht bang.

(Sie treten in die Hütte. Ein Wind erhebt sich in der Ferne. Abel tritt auf.)

Abel (hinausrufend)
So kommt doch, kommt! und bleibt in unsrer Mitte!
's ist Raum für euch! — Du scheuchst sie ja davon!
Was tust du, Kain? — Und sie sind entfloh'n!
Bis hieher folgten sie und sah'n auf meine Tritte
Und folgten immer! — Fort nun — in die Nacht! —
So hört doch, kommt!

Kain (auftretend)
Wem rufst du da?

Abel.
Dem Wolf, dem Adler — siehst du's ja!

Kain.
Dem Wolf, dem Adler —

Abel.
Und bist dreingelaufen,
So unbedacht!

Kain.
Nicht unbedacht!

Seltsame Gäste hast du da gebracht.
Wo warst du?

Abel.
O! in hellen Haufen
Sah ich sie heut'!

Kain.
Was, — Wölfe?

Abel.
Nicht allein! —
Und blieben nur die zwei! — Und ließest sie nicht ein!
Geh' mir!

Kain.
Wo warst du?

Abel.
O könnt' ich zurück! —
Ein kurzer, ein seliger Augenblick! —
Und nehmt ihr mich nie auf euere Schwingen,
Ihr Adler, ihr Geier, — durchs luftige Reich
In kreisenden Ringen
Mit euch zu dringen,
Mit euch, mit euch?

Kain.
Du warst in der Wildnis?

Abel.
Das war ein Toben!
Das war ein Reigen, drunten und droben!
Im Himmel, auf Erden! — Ein Augenblick:
Und Alles zerstoben!

Kain.
Du warst bei den Tieren?

Abel.
Ja, bei den Tieren!

Kain.
Unrein! unrein! aus meiner Näh'!
Und weißt du nicht,
Was der Vater spricht?
Unrein! unrein!

Abel (sich heftig abwendend)
Laß mich und geh'!

Kain.

Unsinniger Knabe, dir säh' es wohl gleich,
Mit Wölfen und Geiern den Reigen zu führen!

(Er stellt sich hart vor ihn.)

So sprach der Vater: Scheut euch vor den Tieren!
Geschieden hat der Ew'ge sie und euch!
Stumm sind sie, taub, — und fremd ist ihrer Art
Das Wort, darin der Geist sich offenbart.
Blind sind sie: durch ihr Aug' blickt nicht der Geist;
Der Trieb lugt, Futter suchend, aus der Höhle,
Futter und Wolluft. Fühlsam, ohne Seele,
Regsam, nicht lebend, Blättern gleich im Wind,
Hintreiben sie, wohin der Trieb sie reißt.
Und ihn verrät ihr Leib und schämt sich nicht,
Und wandelt nackt vor dem erhab'nen Licht.
Die Toten nennet sie: denn sie sind tot.
Begraben tief im eig'nen Leib verrinnt
Das dumpfe Sein der gottverfluchten Brut;
Sie kennen nicht den Herrn und sein Gebot,
Sie wissen nicht, was Bös und Gut.
Drum scheut euch vor den Tieren: unrein ist das Tier!
Es wasche seine Hand, wen sie berühren!
So sprach der Vater —

Abel.
Und nun schweige mir!

Zu ihnen will ich —

Kain (wütend)
Zu den Tieren? —
So geh', du Tier! Geh' hin und bleibe,
Dort, bei den Deinen bleib' immerdar.
Bis dir die Töne aus der Kehle hallen,
Wie Heulen der Wildnis, — bis aus dem Leibe
Dir wachse dein Haar, wie eines Wolfes Haar,
Und deine Nägel, wie Adlerskrallen!

Abel (stößt ihn weg)
Fort! welch ein Antlitz!

(Adam tritt aus der Hütte)

Kain (auf Adam zueilend)
Laß ihn dir sagen —!

Abel.

Vater, nun höre, was heute gescheh'n.
Nicht weiß ich, wie mich's dahin verschlagen,
Doch plötzlich fand ich mich droben steh'n,
Wo die Wälder versinken und frei durchs Land
Der Sturmwind schlägt an die Felsenwand.
Und unten — die Wipfel, die Wasser riefen,
Und lockend sind die Stimmen der Tiefen!
Da mußt' ich hinab — Und verzacktes Geäst
Wehrt mir den Weg. Und der Waldgrund klafft, —
In zorniger Kraft
Würgt sich der Bach durch die klemmenden Schrunden,
Und über ihm Felsen in Felsen gepreßt.
Und wie ich mich weiter und weiter gewunden,
Und seltsame Hast mich vorwärts riß:
Jählings gewahr' ich die Finsternis,
Und fühle, wie Furcht über mich fällt; —
Wußt' ich doch: Tag ist's hoch in der Welt! —
Und hab' mich ins Offene doch gefunden!
Wo der See erglänzt und der Wald sich hellt,
Dort zwischen Stämmen hab' ich geruht —

Adam (der immer belebter zugehört hat)

Dort! dort! — und weiter geht's durch die Halde
Zum höchsten Schnee und zum untersten Walde —

Abel.

Warst du dort auch? Und kennst du es gut? —
Da raschelt's, da schwirrt's; über mich, neben mich
Wend' ich den Blick: was guckt von der Seite?
Ein Fuchs im Gebüsch, ein Vogel da droben,
Weih' oder Falk —; und fort in die Weite!
Und lange nicht währt's: von unten, von oben
Schwärmen sie an, umhüpfen, umschweben mich, —
Scharenweis naht's, mehr, immer mehr,
Hoch aus den Lüften stürzt es daher,
Und vom untersten Wald und vom höchsten Schnee
Mit Hörnern und Hauern und Zackengeweih'n, —
Und ringelnd und züngelnd aus Kluft und Gestein, —
Und seltsam gurgelt's weit auf dem See,

3

Es plätschern die Fische und tauchen zur Höh',
Und stürzen zum Strand —
                    Und die Andern all
Rings um mich her, zu Häupten, zu Füßen,
Springend und schwingend, — und allüberall
Hebt sich ein Hall,
Hebt sich ein grausig-gewaltiges Grüßen!

(Näher auf Abam zutretend, der in kaum verhaltener Aufregung zuhört)

Kennst du die Schreier der luftigen Höh'n?
Und bebtest du je bei der Schluchten Gedröhn?
Und hast du vernommen, wie die Gewalt
Des Löwen durch die Wälder schallt?
Wider die Erde kehrt er den Schlund
Und herrscht sie an, — und es schüttert der Grund,
Und alles Getier durchriefelt es kalt.

Adam.

Und hörtest du auch die Tigerkatze,
Wenn sie im Schilf liegt, sprungbereit?
Tief ins Erdreich krallt sich die Tatze,
Und in der Brust, in innerster Höhle
Aechzt es, ringt es, — bis sie den Rachen weit
Auftut, — und schleudert die Wut aus der Kehle,
Und schreit in heißer Gier, wie heißer Schmerz nur schreit!

Kain.

Genug — genug.

Adam.

Sprich weiter!

Abel.

                    Weh!
Was sag' ich sonst? Es war ein Augenblick!
Den Kopf erhob ich, denn aus den Wolken jäh
Traf mich ein Strahl: da fuhren sie zurück,
Und wandten sich und floh'n. Ein fern Gebrüll —
Und dann war alles, alles still.
Nur Dies und Jenes sprang noch zu mir her,
Besah mich, beroch mich, umschritt mich stumm;
Und dann, als ob ich nicht der Rechte wär',
Kehrten sie um.

Da ging ich heim. So einsam war's um mich.
Und etwas fühlt' ich hinter meinem Rücken,
Fühlt' in die Höh' den Kopf gezogen:
Was war's? ein Wolf, der hinter mir schlich,
Ein Adler, der ob meinem Haupte strich;
Fast schämt' ich mich, sie anzublicken,
Als hätt' mein Antlitz sie betrogen.
Sie aber folgten, folgten meinem Schritte;
Und dunkel ward's, und Nacht, — sie wichen nicht,
Und keines sah mir ins Gesicht,
Sie folgten nur, bis her, bis an die Tür —

(Rasch zu Kain:)

Was taten sie dir,
Daß du sie weggescheucht hart an der Hütte?

Adam.

Weg, sagst du? Wohin?

(Er entfernt sich, mit dem Blick untersuchend, immer mehr gegen den Hintergrund zu.)

Kain.

Bereit ist die Keule,
Wenn sie mir kommen, und Bogen und Pfeile —

Abel.

Sie töten willst du?

Kain.

Keines soll mir leben!

Abel.

Töten —; und sagst doch, es sei Gebot —!

Kain.

Nicht deiner Lehren, Knabe, hab' ich not,
Weiß, was erlaubt, was unerlaubt,
Wahre du nur dein eigenes Haupt!
Es sind ja Tiere! Wär' der Hauch nur eben
Von Dasein ihnen nicht gegeben!
Nun aber schlagen wir sie zu Tod,
Gilt's Nahrung, Opfer oder Gegenwehr.
Wie haben hier einst die Räuber gewütet, —
Klein warst du, ich hab' die Herde gehütet:
Zahllose schlug ich, stiller ist's seither.
Schlug sie mit Kraft, schlug sie mit List:

35

Ich war dir Einer! ich wußte zu sagen,
Wo Jedes Weg und Wechsel ist.
Nun merk': da war dir einmal ein Bär,
Der hatt' eine eigene Art zu jagen;
Nie griff der an, — nur die Berge durchwettert
Sein Brüllen: da rennt, was Beine hat,
Eilt weg, eilt zurück, — bald dort, bald hier
Hört es ihn, sieht ihn, — er brüllt nur und klettert,
Rastlos; — bis das gehetzte Tier
Verzagt, verwirrt, zu Tode matt
Sich selber in die Tiefe schmettert.
Dann trabt er hinunter und frißt sich satt.
So war der Gesell und dies seine Lust.
Ich aber, — wo er vorübermußt',
Grab' eine Grube; Reisig und Gras
Deckt sie, und deckt auch den Pfahl im Grund,
Gespitzt nach oben, sonst glatt und rund.
Aufs tückische Dach kommt lockendes Aas.
Er naht, riecht, springt — und ist schon hinab,
Schon festgespießt! Unsinnig vor Pein
Zerrt er den Leib um den schrecklichen Stab,
Nur tiefer und tiefer bohrt er sich ein.
Lang' in der Nacht noch hört' ich ihn schrei'n,
Grauenvoll schrie er in seinem Grab.

(Abel steht mit abgewandtem Antlitz.)

Du wendest dich weg, — o Wesen, so zart!
Waffen zu führen, listig zu spüren,
Gruben zu graben ist nicht deine Art;
Und deine liebe wilde Brut,
Sie müßt' ja auch dein Herze rühren!
Blut seh'n — wie widrig! Blut von Tieren —
Dich lockt nur etwa Kains Blut.
Nun sag', wie willst du die Herde schützen?
Sie, unser bestes Hab' und Gut?
Magst träumend auf dem Hügel sitzen,
Da grasen die Lämmer, die Böcklein springen, —
Und droben hängt schon mit rüttelnden Schwingen
Der Adler, — und aus der Wolke steil

36

Aufs Zicklein fällt er, wie ein Pfeil;
Und ſchon auf den Felſen hat er's getragen,
Den rechten Fang um den Kopf ihm geſchlagen,
Daß ſich der Atem im Herzen klemmt, —
Den linken gräbt er ihm in die Seite,
Daß es mit Blut ihn überſchwemmt,
Und mit dem Schnabel zerhackt er die Beute.

Abel.

Laß, laß.

Kain.

  Und dein Wolf kommt, hungerheiß;
Die Lämmer, wie ſie die Schenkel heben!
O wie das läuft, in Angſt und Schweiß,
In triefender Angſt um das arme Leben! —
Du aber läßt ihm wohl, was ihm gefällt?
Ja, wenn es der Hirt mit dem Wolfe hält,
Was wird aus der Herde?

Abel.

  Fahr' hin die Herde!
Breche das Wild aus dem Wald, aus den Lüften,
Schlage ſie, jage ſie über die Triften,
Daß ſie veratme und zerriſſen werde!

Kain.

Zu ſchützen ſie, iſt billig dir zur Laſt.

Abel.

Nicht hüt' ich ſie mehr! mag ſie ins Weite zieh'n!
Was folgt ſie meinem Stab? Sie fahre hin!

Kain.

Gehorſam iſt dir ſelbſt am Tier verhaßt.

Abel
(hat ſich, in ſchmerzliches Sinnen verſunken, auf einen Felſen niedergelaſſen. Nach
kurzem Schweigen erhebt er langſam das Haupt.)

Vater, o Vater! — In der Dämmerſtunde
Am Waldesrand
Wandelten wir — da faßt mich ſeine Hand:
„Die Schlange! ſieh', was aus dem Schlund ihr hängt!“
Ein Vogel hing ihr aus dem Schlunde,
Kopfeinwärts ins Gebiß gezwängt.

37

Der Vater neigte sich — noch hör' ich, wie er sagt:
„So war's am Tag, da mir's zuerst getagt".
Und weiter schritten wir, feldaus, feldein.
Da lagen Hirsche, Rehe, halbverwest Gebein;
Aufrauschte die Luft, laut knarrten die Aeste:
Herstürzten schwarmweis, mit offenem Munde,
Bellend und schreiend Schakale, Geier, Hunde;
Er sah dahin auf's Aas voll Blut und Staub:
„Nun geht es an um diese armen Reste,
Räuber mit Räubern ringen um fremden Raub".
Und er hob auf das raschelnde Laub, —
Und er zerteilte die Fluten tief, —
Und wies mir, was in der Erde schlief, —
Und wies die Stummen, die niemals klagen,
Die Bäume: wie herrlich sie prangen und stark, —
Und nähren die Schwachen, die saugen ihr Mark,
Und die Kleinen, die an den Wurzeln nagen.
„Und trotzet ihr auch, wie die Felsen, stolz,
Euch und den Felsen ist das Los verkündet:
Zerstäubt Gestein und vermodertes Holz,
Das ist die Spur, die einst das Auge findet;
Und auch die Spur, sie schwindet, schwindet, schwindet, —
Und es war nichts. — Denn in dem ew'gen Haus
Ist Zwist! Und blind im Dunkel hingerissen,
Stürmt Jedes wider Jedes. O! Sie müssen!
Das ist's! Entsetzlich, wie ein Pfeil geschnellt,
Stürmt's hin, und Keines, das da innehält
Und schaudert. — Ueber der Vernichtung Graus
Schwebt Eines nur, — hell in den Finsternissen,
Schreckhafter noch als sie, wie es so einsam kreist:
Ein kleines Licht, — der wissende, der Geist."

Kain.

Er, der da weiß, was Bös und Gut,
Und liebt den Herrn und die Gebote tut!
Du aber —

Abel.

Nein, ich weiß nicht, will nicht wissen!
Nein, nein!

Kain.

Davon hörst du nicht gern,
Vom Herrn und seinem Wort. Liebst du ihn wohl, den Herrn?

Abel.

Liebst d u ihn?

Kain.

Ich —! das heiligste Gebot!

Ich fürchte ihn.

Abel (nach einigem Staunen rasch)

Hör' an: und gilt's d e i n Blut,

Was dann?

Kain.

Wie meinst du —?

Abel.

Wenn d i r an die Brust

Der Wolf springt?

Kain.

Ei, ich schlag' ihn tot.
Ich schlag' ihn, daß die Keule saust!
Du nicht, der gerne mit den Tieren haust,
Glaub's wohl!

Abel.

Und darfst —?

Kain.

Und bin mir's wohl bewußt:

Nicht Sünde ist's.

Abel.

Du schlägst ihn tot?

Kain.

Und du?

Hahahaha! Legst dich wohl hin,
Und frißt er dich, so siehst du zu?
Hahahaha! Mein Wackerer, sei gewiß,
Kommt er nur nah und öffnet sein Gebiß:
Mit beiden Fäusten packst du ihn
Und würgst und würgst ihn, daß ihm aus der Höhle
Die Augen blutig treten, — daß er gleich

Gäb' alle Lämmer weit im Erdenreich,
Für einen Atemzug aus freier Kehle!

(Er streckt den Kopf gegen Abel und lacht.)

Abel (ergrimmt).

Was lachst du so?

Kain.

Blickst du schon heiß?

Willst du schon würgen?

Abel.

Warum du lachst,

Das will ich wissen.

Kain.

O! ich weiß, ich weiß,
Sagt's doch der Vater: Mild bist du, gar mild,
Jäh, aber mild. Wollt' seh'n, wie du's machst,
Käm' nur ein Untier, grimmig und wild,
Ob du dich hinlegst —! Hahaha! wollt' seh'n,
O milder Abel!

(Er tritt ihm dicht unter die Augen, immer laut lachend)

Abel (packt ihn an der Gurgel)

Du —!

Adam (kommt zurück)

Was ist gescheh'n?

Abel!

Kain

So sind wir, so sind wir einmal!

Mild, aber jäh!

Abel (in höchstem Grimm)

In die Wildnis hinaus!

Adam (der bald Kain, bald Abel betrachtet, dumpf vor sich hin:)

Ja, in die Wildnis! Ende die Qual!
Brenne der Zwist, und verbrenne das Haus!

Kain.

Was sagst du — Vater!

Adam.

Mag sich's erfüllen!

Muß ich es wissen? und frommet hier Wahl?
Komm, meine Seele in Schlummer zu hüllen,
Komm doch, o Wolke!

(Er versinkt tiefer in sich)

40

So denket ihr mein,
Ihr alten Gefährten, ihr wilden, ihr stillen?

Abel.

Schwer lastet die Luft, bang schleichet die Pein —
Wär's besser nicht —?

Adam.

Du?! sagst du es auch?

Abel (halblaut; und so, nur in mäßiger Steigerung, bis zum Schluß der Szene)

Vater, dahin!

Kain.

Zu den Tieren?

Abel.

Dahin!

Kain.

Hörst du ihn, Vater?

Abel.

Lebendiger Hauch
Atmet mich an — Was Wissen und Wahl!
Was Bös und Gut, und Gut und Bös!

Kain.

Hörst du ihn, Vater, hörst du ihn?

(Wetterleuchten in der Wildnis)

Abel.

O! wo das nächtliche Wettergetös
Der Strahl dort kündet, der Feuerstrahl —
Hört mich, ihr Brüder!

Kain.

Wem rufst du? Halt ein!

(Er breitet die Arme gegen ihn. Dann tritt er, während Abel in tiefer, steigender Er-
regung weiter spricht, furchtsam auf Adam zu, der unbeweglich, wie geistesabwesend, dasteht.)

Abel.

Aus dem Feuerschein
Taucht auf, schwebt an! Ihr all, ihr all —
Hoch aus den Lüften, tief aus der Erden —

Kain.

Was tust du?

Abel (gewaltsam)

Herbei!

Aus der Seele frei

Aufatmen mit euch! Allen Lebenden gleich
Leben! Mit euch den rollenden Hall
Der Wildnis wecken — und, sei es denn! mit euch
Zerreißen und zerriffen werden!

Adam (zusammenfahrend)

Still, still! wer redet da?

      Heiß weht der Wind,
Zwischen den Sternen fliegt es heran,
Was kommt dort im Gewölf?

(Er lehnt sich an einen Felsen und blickt finster vor sich hin)

     Im Herzen sitzt und sinnt
Ein feiger Frevler, — eh' er sündigen kann,
Fühlt er schon Reue —

     Meine Lippen stammeln, —
Was ich nicht denke, sagen sie,
Was ich nicht will. Ich muß sie sammeln, sammeln,
Die jagenden Gedanken, — wohin jagen sie?
Zurück zu mir, denn euer Herr bin ich! — —
Der Abenddämmer war's, — da hub es an, —
Und wo wird's enden? — Wie er mich umschlich
Mit seinen Schatten! — Ja, und dann, und dann,
All, was ich sah, all was geschah,
Das war's, das ist's.

    Wär's beffer nicht? Nein, nein!
Nun aber kreist's um mich, dringt auf mich ein,
Den Fuß umzieht's, den Atem mir beengt es,
Mich aus mir selber drängt es —
Wohin? ich will nicht — nein!

(Plötzlich zu Kain und Abel):

     Seid ihr noch da?
Geht, meine Söhne, — schnell! Nicht gut zu Ende
Ging heut' der Tag. Und droben schon begann
Der Schrecken — Geht! Rein wahret eure Hände,
Rein wahrt den Sinn! daß euer Auge schaue
Furchtlos, wenn über Gewässer und Gelände
Donnert der Herr, und in des Sturms Getümmel
Der wetternde Blick erscheinet im gespalt'nen Himmel
Und die zornig zuckende Braue!

(Er geht durch die Mitteltür, Kain durch die Seitentür in die Hütte.)

Erfter Akt

Abel (feßt fich auf einen etwas erhößten Felfen, näßer gegen den Hintergrund, und blict in die Nacht hinaus. Dann, nach kurzem Schweigen:)

Tritt aus dem Dunkel, — fag', daß du h i e r bift,
Daß nicht fo einfam das Herz in mir weine;
Laß mich dich fchauen, wenn du bei mir bift,
Nimm meine Hand, Herr, — reich' mir die deine.

Denn alle Lichter des Himmels entfchwinden,
Schauerlich fchweigt die fchlafende Herde,
Fernes Geftößn in den fchwellenden Winden,
Fliegendes Laub weßt über die Erde.

Laß deine Stimme, laß Antwort mich hören:
Siehe, das Leben gabft du uns Allen,
Mußt du denn Alle wieder zerftören?
Ift denn nicht Einer dir zu Gefallen?

Ach, und ift Jedem fein Ende befchieden,
Magft doch mit eigener Hand fie verderben!
Kann es nicht fein, daß fie blühen in Frieden,
Sage, muß Eins durchs Andere fterben?

Haft du dem Vogel den Atem gegeben,
Ihn zu erfticken im Rachen der Schlange,
Nimm meinen Atem, o nimm mein Leben!
Bang ift mir, Herr, o traurig und bange! —

Oder ift Torheit vor dir mein Grämen, —
Der du fo hoch über Sternen rageft,
Weißt du mir Troft, mich ganz zu befchämen:
Sag' ihn! dir glaub' ich, was du auch fageft!

Wolken zerteilft du, Windeshauch ftillft du,
Pochen des Herzens kündet dein Kommen, —
Haft mich vernommen — und reden willft du:
Rede! rede! wenn du vernommen!

Aber du fchweigft, — und es wölfet fich wieder;
Nimmer wohl fprichft du zu Meinesgleichen, —
Nicht auf die Erde fteigft du hernieder,
Und in den Himmel kann ich nicht reichen.

(Er geßt traurig nach der Linken, gegen das freie Feld zu, ab.)

43

(Ein Wolf erscheint im Gebüsch, verschwindet, kommt bald wieder und bleibt, vom Busch=
werk halb verdeckt, der Tür gegenüber, durch die Abam in die Hütte getreten, ruhig
stehen. — Ein Adler streicht um die Hütte, und fliegt dann in einen Baumwipfel, der=
selben Tür gegenüber.)

Kain (erschreckt aus der Seitentür auftretend)

Wer da? Hat von der Herde
Sich Eins verirrt? Gott gnade mir!
Was da geschlichen, war's ein Tier?
Hoch an den Wänden hat sich's fortgetastet —
Wer da? wer weckt mich, eh' ich noch gerastet?
Sind Menschen außer uns noch auf der Erde?

Der Wolf — fürwahr!

Er wendet den Kopf zurück,
Lugt her, lugt immer nach der Schwelle —
Und droben, im Baum, sitzt sein Geselle,
Blickt nach der Tür und wendet nicht den Blick —

(Pause)

Sie warten, warten, — geh'n nicht von der Stelle.
Unreiner Greu'l! hinweg von diesem Ort!
Was wollt ihr da?

(Er will auf sie zueilen; Abam tritt aus der Mitteltür.)

Der Vater!

(Abam war einen Augenblick auf der Schwelle stillgestanden; nun eilt er nach der Rech=
ten hin fort; sogleich verschwinden die beiden Tiere. — Ein Sturm erhebt sich und
wächst während des Folgenden gewaltig an.)

Ist er fort?

Und fort ist der Wolf! — und der Adler! — Und in den Aesten
Raschelt es, schwirrt es;
Schwärme von Vögeln zieh'n
Ueber sein Haupt dahin, —
Wehe, wehe, lebendig wird es
Rings um und um von entsetzlichen Gästen!

(Gegen den Hintergrund rechts ausblickend.)

Vater, wo bist du? Hoch auf dem Hügel
Aufrecht steht er; aus Fels und Geklüfte
Züngelt's hervor; es tanzen in der Runde
Um ihn die Wölfe und die wilden Hunde,
Um ihn schlagen die Flügel
Adler und Geier und alle Räuber der Lüfte!

Sturm, Sturm in den Höh'n! Vater, mir wird so bang! —
Wo geh'n sie hin? O seltsam, welch ein Gang!
Vor drängt er, vor! sie aber alle zieh'n
Nicht g'rades Wegs: um sein Haupt, seine Mitte
Kreisen sie, hüpfen sie, — taumelnd um seine Schritte
Ringeln die Schlangen sich; — nirgendhin
Wollen sie all, sie wollen nur ihn, nur ihn!
(Blitz und Donnerschlag.)
Ha, was ist das? Wogend das weite Feld,
Schwarzwimmelnd von Leibern! — Sie brechen auf —
Hinab in die Wildnis! — In Sturmeslauf
Fort, — wie im Wirbel umgeschwungen!
Wetter und Finsternis hat sie verschlungen.
(Wachsendes Ungewitter.)
Nachdonnert der Herr! nachsenden die schrecklichen Hände
Feuer des Himmels! — Dumpf aus der Ferne gellt
Grau'nvolles Jauchzen!
(Er stürzt angstvoll nach vorne zu und wirft sich auf die Kniee.)
O wär' nur die Nacht zu Ende!
Käm' nur die Sonne wieder in die Welt!

Zweiter Akt.

Szene, wie im ersten Akt. — Morgendämmerung.

Eva (tritt aus der Mitteltür und pocht an die Tür Kains).
Hörst du mich, Kain? bist du schon erwacht?

Kain (tritt heraus.)
Wach bin ich, war ich — Was begehrst du, sag'.

Eva.
Nichts, Kain. Bang in Träumen, wie ich lag —
Oft riß es mich empor, wie Donnerschlag —

Kain.
Ja, seltsam war und stürmisch diese Nacht.

Eva.
Dich sah ich, Kain — blutig —; Traum war's, Traum!
(Sie umarmt ihn)

Ich schalt mich selbst, — und doch, ich hielt mich kaum,
Dich mußt' ich seh'n. Und nun, — was sollt' dir droh'n?

Von Abel?

Kain.

Eva.

Nicht so, nicht so sprich!

Kain!

Kain.

Du zitterst, — du, um mich!
O Mutter, Mutter, bin auch ich dein Sohn?

Eva.

Kind, Kind!

Kain.

Vergieb! Ich weiß es, daß du liebst, —
Mehr, minder — sei's! O mich nicht allzusehr!

Eva.

Das meinst du, Kain?

Kain.

Doch ob's wenig wär',
Und wenig ist's, und ich bedarf viel mehr, —
Gar viel bedarf ich: Mutter, was du giebst,
Ist Liebe! Und wär's wenig, wen'ger noch,
Und Liebe, Liebe, Liebe ist es doch!

(Sie hat sich auf die Steinbank gesetzt; er setzt sich zu ihren Füßen.)

Und wenn wir Knaben, — denn schon lang' ist's her, —
Herz-einig sprachen: nie mit solcher Macht
War Lieb' in uns, als wenn wir dein gedacht, —
Der großen Mutter; — denn du bist so groß,
Fast wie der Vater; — ja, der großen, schönen!
Denn wär' auch diese Erde grenzenlos
Und grenzenlos der Himmel: wenn ich so am Schoß
Dir weil' und blick' empor, und lieblich tönen
Die Laute deiner Lippen, und es öffnen sich
Die Augen, und du neigst dich über mich —:
O nicht die Erde trägt
Und nicht der Himmel hegt,
Mutter, ein Glanzgebild, wie dich!

Eva.

Du töricht Kind!

46

Erster Akt

Kain (in ihre Augen blickend)

O laß mich schau'n und sinnen,
Schau'n in der Sterne stetsbewegten Schein!
Er zieht mein Auge tief in sich hinein,
Und golden, golden weitet sich's dort innen:
Da muß wohl alles Licht und Feuer sein.
Da quillt's hervor und deinen Leib durchhellt es,
Und licht und rot auf deine Wangen fällt es,
Und strahlt im Lächeln deines Lippenpaars,
Und überfließt im Sonnengold des Haars;
Aus deinem Atem sanft erwärmend dringt es,
Aus deiner Kehle hell erklingt es, —
O mir wird wohl in meiner dumpfen Qual,
Streift mich dein Lächeln nur ein einz'ges Mal,
Streift mich nur e i n mal deiner Augen Strahl!
O mir ist wohl in deinem warmen Hauch!
Liebst du mich, Mutter? liebst du Kain auch,
Nicht Abel bloß?

Eva.

Und meinst du wahrlich — meinst?
Und wenn du A b e l sagst, wie blickst du scheu,
Mit halbem Aug' — Kain! sein Sinn ist treu,
Herz-einig sprich mit ihm, wie einst,
Und froh erkennst du's, und du wirst's bezeugen!
Hell ist er, hold —

Kain.

Sonst wandelst du in Schweigen,
Und wenig Worte findest du, — und nun —

Eva.

O Kain, laß! den alten Zwist laß ruh'n!
Rasch ist sein Wesen —

Kain.

Rasch zu bösem Tun.

Kain!

Kain.

Nicht preisen kann ich ihn, wie du;
So preis' ihn denn, ich aber höre zu.
(Er springt auf.)

Der Vater!

(Abam kommt langsamen Schrittes von der rechten Seite her. Von Zeit zu Zeit betrachtet er seine Hände. Die Andern scheint er nicht zu bemerken.)

Kain (leise)

Wie schlafend, — wie im Traum entrückt.
Weißt du, warum er auf die Hände blickt?

(Abam tritt in die Hütte. Kain folgt ihm mit den Augen, dann wendet er sich wieder zu Eva.)

Mutter, wo war der Vater?

Eva (vor sich hin)

Angst und Pein
Schaffst du mir, Abel.

Kain.

Mutter! — Was sie sinnt,
Ist Abel.

Eva.

Zürnst du deinem Bruder?

Kain.

Nein. —
Mutter, wo war der Vater?

Eva.

Weiß nicht, Kind.

Kain.

Und fragst auch nicht? — Etwas, so schien mir, schlich
Sacht, sacht ums Haus —
Und etwas schritt hinaus —
Frag' doch darnach!

Eva.

Ist's recht, so wird er's sagen;
Denn recht ist Alles, was er beginnt.
Sagt er's nicht selbst, geziemt's nicht, ihn zu fragen.

Kain.

So will er's?

Eva.

Ja, und d u auch tu', wie ich.

(Es ist heller Tag geworden. Abel tritt auf und bleibt mit ausgebreiteten Armen gegen den Hintergrund gewendet stehen.)

Abel.

O Sonne, kommst du? Dort in die brausenden Tiefen
Rufft du: Wacht auf! — Und zu dir öffnen froh

Die Augen Alle, die im Walde schliefen;
Und kühne Vögel lüften ihr Gefieder,
Mit dir zu eifern, hin durch blaue Weiten
Dich zu geleiten! —
Und ich, — steh' ich in Scham vor ihr und wage
Nicht meinen Blick an sie? Ihr fernen Brüder,
Wo seid ihr Scheuen? Ist unter euch
Ein Adler so stark, er komme! er trage
Mich Schwachen empor, zu ihr, zu ihr empor!

Eva (leise, für sich)
Abel, mein Abel —

Abel (läßt die Hände sinken)
Und hier bet' ich Tor —
Sie zieht indes, sie treibt's mit stummer Gewalt
Weiter und weiter, aufwärts und weiter zugleich,
Herauf über mir — und über mich weg gar bald!

(Er neigt die Stirn)

(Eva tritt näher zu ihm. Adam war, eine Keule in der Hand, aus der Hütte getreten.
Lange steht er still und betrachtet Abel unverwandt. Kain beobachtet ihn und Eva.
Dann geht er plötzlich auf Adam zu.)

Kain.
Vater! —

Adam (zuckt zusammen)
Bist du's? — Zum Opfer!

Kain.
Der Altar,
Den ich erbaut, noch nicht geweiht,
In Trümmern liegt er. Wohl seit Tag und Jahr
Ward keine Nacht erlebt, wie diese war.
Du weißt's, denn schwerlich schliefst du all die Zeit.

Adam (auf Abel zugehend)
Geh', schicht' ihn neu.

(Abel langsam, in sich versunken, ab.)

(Zu Eva:)
Du folge bald dahin.
Denn droben opfern wir.

(Eva ab.)

(Er tritt, von plötzlicher Unruhe erfaßt, seitwärts; dann still vor sich hin:)
Sollt' ich sein Antlitz flieh'n?

4

Nicht wagen mehr, in heil'gen Haines Rauschen
Der Stimme Gottes, meines Herrn, zu lauschen?

(Zu Kain:)

Zur Hürde komm! Und sei zum Opfer heut'
Das beste unsrer Lämmer auserlesen!
Was in uns ist von Frevel und vom Bösen,
Ich leg' es auf sein Haupt. Es rinne hin, es schwinde
Mit seinem Blut all unsre Sünde;
Und mit dem Herrn sei unser Bund erneut
Und nimmermehr gebrochen. — Laß uns geh'n.

Kain (hinausblickend)

Die Opferstätte wird heut' nicht ersteh'n.
Wie sollte Abel deinen Willen ehren?
Und hört er gar von Opfern und Altären!
Geh', sagtest du. Er sah den Vögeln nach,
Und ging. So bog er mit dem Schwarm feldein,
Und eben jetzt verschwand er im Gestein.
Da sitzt er wo, wirft Kiesel in den Bach, —
Wenn nicht gar aus der Wildnis ein Gesell,
Ein altvertrauter, kommt: dann über Stock und Stein
Reißt's Leib und Seele!

Adam.

Geh', schaff' ihn zur Stell'.

Gehorchen soll er —

Kain.

Vater, — bleib' er fern.
Er höhnt das fromme Tun, er lästert Gott, den Herrn.
Wenn unter'm Keulenschlag das Opfer fällt,
Kehrt er sich ab.

(Adam winkt ihm, zu gehen.)

Ich folge deinem Willen.
Doch er? Wenn ich die Botschaft ihm bestellt:
Es zuckt in ihm; ja, leicht mag er erfüllen,
Was er gedroht. Denn ich und er gesellt,
Das tut nicht gut.

Adam.

Geh' nur!

Kain.

Die Mutter sagt,
Ich blicke scheu, mit halbem Aug', — auch er
Sagt oft dergleichen.

Adam.

Geh' und schaff' ihn her!

Kain.

Daß euch mein Antlitz mißbehagt,
Kann ich es ändern? Doch ihn bringt's in Wut, —
Und wenn die Ader auf der Stirn ihm schwillt — —
Die Mutter sah heut' Nacht ein Traumgebild —

Adam.

Was sah sie? rede!

Kain.

Mich — im Blut.

Adam.

Torheit! — Geh' hin! — Sein Herz ist rein,
Gütig sein Sinn! Und er wird mit ihm sein,
Er, der die Wahrheit weiß und noch im Straucheln hält
Den Guten, daß er strauchelt und nicht fällt.

Kain.

Und doch, wie bleich du bist! Die Zornesröte,
Du sahst sie gestern, — sahst die Wutgebärde —
(Er tritt dicht an ihn heran)
Du fürchtest nur, daß Abel töte,
Und nicht, daß ich getötet werde.

Adam (entsetzt zurücktretend)

Was war's? — Ein Blitz ins Auge! — Laß mich sinnen —
Was sah ich? was?
Neid, — ja, das ahnt' ich; aber das ist Haß!
Du hassest ihn. Sag': Ja —

Kain.

Nein, nein!

Adam.

Sag' einmal: Nein. Du hassest —

Kain.

Nein.

Adam.

Und deine Seele tat sich auf, und drinnen
War Haß —

Kain.

Ich sage: Nein.

Adam.

O wissen! wissen!
Es blitzte aus den Finsternissen,
Und nun ist's wieder Nacht —
Was sagtest du?
Ich fürchte, — fürchte nicht — Nichts fürcht' ich, nichts!
Er tötet nicht, — du weißt's, wie ich es weiß!

Kain.

Nichts weiß ich.

Adam.

Und in Ruh', in harter Ruh'
Stehst du und starrst, und aus den Augen sticht's
In meine Seele!
Auf! wie drängt's mich heiß —
Rasch will ich opfern, — rasch! Gott, nimm es hin.
Nimm's für sein Haupt! Nun opfre ich für i h n!

Kain.

Er hat es not.

Adam.

Ha, sagst du das?
Gesteh', was willst du tun?

Kain.

Nichts hab' ich zu gesteh'n.
Das ist nur deiner Liebe Uebermaß,
Sie täuscht dir vor, was niemals wird gescheh'n.
Um seiner Sünden willen hat er's not.

Adam.

Und du? und ich?

Kain.

Du lehrst des Herrn Gebot, —
Und ich vollbring' es.

Zweiter Akt

Adam.

Gestern, ehegestern
Haft du geprahlt, und dich gerühmt von je:
Und weißt nicht, welch Getier in deiner Näh'
In dunklen Gruben ruht und stillen Nestern!
So schweigsam ruht's — weh, daß es schweigt!
Und jetzt vielleicht schon hebt sich's rings umher,
Und kommt heran, rückt näher dir und näh'r,
Und wenn die Sonne sich am Himmel neigt,
Prahlst du nicht mehr.

Kain.

Schreckhaft dein Auge! Was hast du erschaut?
Und welch Entsetzen hast du mir zu künden?

Adam.

Hab' acht der ungetanen Sünden!
Hab' acht, was nächtlich dir dein Herz vertraut!
O wenn die Sinne schlüpfen aus des Geists Gehege,
Und die Gedanken beginnen ihre Wege
Zu wandeln ohne mich —

Kain.

Bist du's,
Von dem du sprichst?

Adam.

Es sollte steh'n mein Geist
Auf meinem Fleisch, gleich wie mein Fuß
Steht auf dem Wurm, dem machtlos=stumm zerdrückten!
Ist es also? Ins Ungewollte reißt
Die Glieder ein Gebot, ein and'res, — übermächtig,
Wie sein's! — Ist, gleich dem sonnenhoch entrückten,
Dem Herrn im Licht, ein Herr im Abgrund nächtig?
Tief in der Erde? unter der Erde tief?
Kain, du weißt's: schon hat er dich versucht,
Er, Gottes Feind! Weißt, wie er leise rief:
Trotze nur, trotze —

Kain.

Oefter rief er so.

Adam.

Sagst du's?

Kain.

Und immer trieb ich ihn zur Flucht.

Adam

Und immer kam er wieder! Kam und floh
Und wird noch kommen. Wohl dir, wenn er klar
Sein Antlitz zeigt! Doch oft im Finstern sacht
Schlich er zu dir, — du wußtest nicht, wer's war.
Am Lager saß er dir, — und sonderbar
Begann es sich in deinem Geist zu jagen, —
Ringsum die Nacht, in dir ein grelles Tagen,
Und also raunte leis der Mund der Nacht:
„Bist du nicht rein? bist gottgehorsam nicht?
Er aber, — Abel, — seine Stirn so licht,
Sein Aug' so hell! Wär' nur nicht er!
Wenn nur nicht Abel, wenn nicht dieser Knabe wär'!" —
War's so? Den Blick, den Blick schlag' auf zu mir!
(Kain blickt auf)
O Herr des Himmels! Kain, hab' acht!
Kain, die Sünde lagert vor der Tür!

Kain (murmelnd).

Vor meiner Türe lagert nichts zur Nacht.

Adam.

Feig deine Stimme, feig dein Blick, — und doch:
Die Hoffart seh' ich, wie sie in dir nistet,
Noch in der Feigheit frech sich brüstet!
Verblendeter, und stark dünkst du dich noch,
Indes die Adern dir ein Knäu'l von Schlangen
Mit Gift durchtränkt und Mark und Blut dir frißt, —
Und stumm bezeugen, wie du elend bist,
Die fahlen Lippen und die gelben Wangen!

Kain.

Was willst du mir? was tat ich? warum wütest
Du wider mich?

Adam.

Und kostet' es dein Leben:
Brenn' aus die Brut, die du im Herzen brütest!

54

Ins Feuer dein Herz und das Gewürm darin!
Und du, — vor Gott wirf zum Gebet dich hin,
Daß dir ein Herz, ein neues, sei gegeben! —
Was du getan —? Brenn' aus den giftigen Wahn!
Du haft gedacht, und so haft du getan. —
Sag', liebst du deinen Bruder? Ha, du schweigst.
Wohl dir, daß du es schweigend doch bezeugst;
Du liebst ihn nicht, — du hassest ihn;
Ihn haßt dein Herz, so wirf dein Herz dahin!
Ins Feuer wirf's! denn wiss': es hat gesündigt!
Du aber wartest, wartest selbstgewiß,
Bis er erscheint, der Herr der Finsternis, —
Du bist gewiß, wohin dein Fuß dich trägt,
Du bist gewiß, wie deine Hand sich regt —
(Er tritt feierlich vor ihn:)
Vernimm! ein neu Gebot sei dir verkündigt:
Du sollst ihn lieben! — Hör' mich, Kain, hör':
Gefallen bist du in des Richters Hände,
Und furchtbar ist, was deiner Seele droht,
Und grau'nvoll steht vor meinem Blick das Ende.

Kain (verzagt).
Vater —?

Adam.
    Auf deine Schultern leg' ich's schwer:
Ein neu Gebot, — es ist des Herrn Gebot, —
Wie du dich selber liebst, sollst du ihn lieben!
Willst du?

Kain.
        Ich will, — will Alles, Alles üben,
Was du gebeutst —

Adam.
        Ich weiß, dein Herz erbebt, —
Weiß, daß dein Wesen knirschend widerstrebt;
Hier eben liegt's, und hier magst du's erkennen:
Das hehrste ist's, das herrlichste Gebot,
Das schwerste ist's dem Herzen, das du haft, —
Nicht zu ertragen dünkt ihm diese Last;

Das eben fühle, und dein Geist erfaßt:
Das Herz, das du nun haft, mußt du verbrennen!

Kain.

Ich will ihn lieben.

Adam.

Wiffe, was du fagst.

Weh', wehe dir, wenn du es nicht vermagst!
In Sünden bist du, bist verfallen dem Gericht;
Und wüßteft du, was groß im Himmel und auf Erden,
Und täteft es —: vermagst du dieses nicht,
Nicht darfst du steh'n vor Gottes Angesicht
Und nicht wirst du entsündigt werden!

Kain.

Ich will ihn lieben.

Adam.

Geh' nun, ruf' ihn her.
(Kain will gehen; Adam hält ihn zurück.)

Kain, des Ew'gen Segen über dich!
Schwer, fagt' ich, fei's? wär's wirklich allzufchwer?
Geh' hin, — und was da war, das laß zurück!
Dein Aug' erschließe seinem treuen Blick,
Und wallt sein Blut auf: liebend, liebend sprich, —
Und du erkennst: was er auch mag beginnen,
Nie fann er Böfes, wird nie Böfes finnen —

Kain.

Ja, ja, ich weiß es, er ist nicht, wie ich.
(Er wendet fich wieder zum Abgehen.)

Adam.

Kain!

Kain.

Was willst du?

Adam (gibt ihm die Keule).

Beffer doch, daß du
Zur Hürde gehft und wählft das Opfer aus.
Treib's auf den Berg und füge mir des Bau's
Getrümmer schnell, und alles rüfte zu,
Was not zum Werk. Die Mutter trifffst du dort.
Indes fuch' ich ihn auf. Denn rasch bereit

Muß finden ihn mein Wort:
Hoch steht das Licht und längst ist's Opferns Zeit.
Geh' nun, wir treffen uns am heil'gen Ort.

(Geht ab.)

Kain

Mißtrau'n — wie anders? Böses, Böses sinn' ich.
Sinn' ich wohl Böses? — „Wenn nicht Abel wär'!"
Das traf er, ja. War ein Gebot gegeben:
Du sollst nicht sinnen —? Sonst, — ich tat nichts mehr;
Und bin in Sünden. Böse, böse bin ich —
Ein Knäu'l von Schlangen. Ja, das traf er auch:
Welk bin ich, elend, und verdorrt mein Leben;
Sie fühlen's all. Ein widrig=giftiger Hauch
Muß um mich weh'n —

Straft mich der Herr? wofür?

„Verfallen bist du dem Gericht!"
Wofür? wofür? Gesündigt hab' ich nicht.
„Die Sünde lagert vor der Tür" —
Und kam doch nicht herein. — Ich hab' gedacht:
Was dacht' ich? — Sei es! Nehm' es seinen Lauf!
Sie komme nur, die Türe tu' ich auf!
Bin ich gerichtet, eh' ich noch vollbracht,
Sei es denn! sei's!

O du gerechte Macht!

Dies des Gehorsams, dies der Werke Lohn?
Hätt' ich getan, wie mich mein Herz getrieben,
Dem Herrn zum Spott und dem Gesetz zum Hohn,
Was Schlimm'res wär' nun, als da ist?
Daß ekles Giftgewürm das Herz mir frißt,
Daß welk mein Leib und freudelos mein Sinn,
Und daß ich elend, daß ich böse bin!

Du sollst ihn lieben, sollst! sollst lieben!
Ein neu Gebot, — ich aber will nicht! nein!
Könnt' ich's? — Und könnt' ich's auch —!

O kann's denn sein,

Daß ich dies Herz mit beiden Händen fasse
Und reiß' es aus und werf's ins Feuer hin?
Ihn lieben, wie mich selbst —: Ich aber hasse

Mich selbst, — und wie mich selbst, so haff' ich ihn!
Haßt' ihn von je! fürwahr, und hab' es nicht gewußt!
Bis heut', bis jetzt nicht! — Hier lag's auf der Brust,
Wie ein schlafender Wolf, — und regt' es sich einmal,
Nicht wußt' ich, was es sei. Nur dumpfe Qual,
Das fühlt' ich. Seltsam, wußt' es nicht zu deuten:
Hassen ist Schmerz!
              Ihn lieben! Könnt' ich's nicht?
Sein Aug' so hell, seine Stirn so licht!
Und mich auch überschlich es ja zu Zeiten,
Als könnt' ich — Und ich soll! es ist Gebot,
Des Herrn Gebot: willst du dem Herrn entflieh'n?
Ich hasse Abel — warum haff' ich ihn?
Herr, zürne nicht! — Weh, meinem Haupte droht
Der Schreckliche! sein Arm verhüllt,
Verhüllt er selbst — doch steht er neben mir,
Hört, sieht! — der Vater sagt, daß er die Welt erfüllt,
Allgegenwärtig, — o schaudervoll!
Was sagt' ich doch? Und er ist hier,
Belauert mich heimlich — Ja, ich will, ich soll,
Will lieben, lieb' ihn, hab' ihn nie gehaßt —
Hör' es, du Gott!
           Die Last, o welche Last!
Loswerden könnt' ich's —

      (Er erhebt die Keule und schwingt sie kräftig)
          Mit einem Streich —
Frei würde die Brust!

           Er kommt. Ich will sogleich —
Ich will an ihn —

          Doch wie? Nun, lieben, lieben.

          (Abel tritt auf.)

Kain.

Der Vater sucht dich. Es ist Opferns Stunde.
Mein Bruder, lange bist du fortgeblieben.
Was suchst du? wohin blickst du in der Runde?
Zum Opfer, rasch! Laß vor den Herrn uns treten,
Und beten, beten! Willst du für mich beten?
Bete für mich! Denn mich wird er nicht hören,

Dich wohl. Ja, die ihn fürchten, die ihn ehren,
Die hört er nicht. Dich aber liebt er, — dich,
Dich lieben Alle. Bruder, und auch ich,
Dich lieb' ich, Bruder.

Abel.

Wenn er dich nicht hört,
Laß ab und warte, — warte unverzagt;
Denn plötzlich, wenn du nichts gesagt,
Kommt er.

Kain.

Wer kommt?

Abel.

Heiß hab' ich ihn begehrt,
Er kam nicht. Hab' geklagt, gefragt so oft,
Und Red' und Antwort mir umsonst erhofft,
Heut' aber —

Kain.

Heut' —

Abel.

Die Wiese schlief;
Es schlief der Wald. Ringsum in großem Kreis
Die weißen Felsen glänzten hell und heiß,
Und alle lagen sie in hartem Schlaf.
Fern an der Bergwand kracht's, rollt' abwärts schwer,
Und wie es aufschlug und den Boden traf:
Die Seele traf der Hall, der schrille, —
Aufschauderte die weite Welt umher,
Dann aber regte sich nichts mehr,
Und stiller noch, als früher, war die Stille.
Und Alles wartete und hielt den Atem an —
Und bange war's, wie ich so saß, allein
Mitten im schweigenden Gestein.
Da fühlt' ich's nah'n —
Ein Wehen kam und hüllte warm mich ein:
Das war er.

Kain.

Weiter, sprich!

Abel.

O still!
Mir schwebt's davon, wenn ich's gedenken will.
Ein Wehen war's; — da fühlt' ich durchs Gebein
Ein fremdes Glück in lauem Schauer rinnen;
So sanft-gewaltsam drang es auf mich ein —
Und trug mich, trug, als trüg' es mich von hinnen;
Und sieh', wie klein ward Alles meinen Sinnen, —
Wald, Fels und Himmel und die Sonnenflammen,
Wie löst' es sich und floß in sich zusammen,
Klein ward's — und ich auch ward in mir so klein.

Kain.

Und er, — so sprich! vernahm er dein Gebet?
Was du gefragt, was du geklagt, —
Er war ja da, — heut' haft du's ihm gesagt!
So sprich, was haft du dir erfleht?

Abel.

Er war ja da — was sollt' ich sagen?
Geklagt? gefragt? Ich weiß nicht, wie's geschah;
Still war's in mir — er war ja da:
Und ich vergaß das Fragen und das Klagen.

Kain.

Unsinniger!
(Er tritt zurück und betrachtet ihn)
Und so kam er zurück!
In Felsenöde ist er hinausgegangen,
Und zwischen den Steinen fand er sich das Glück! —
Licht in den Locken! Freude auf den Wangen!
(Er nähert sich ihm rasch)
Dich lieb' ich, — wahrhaft, — glaub' es, wie ich's sage, —
So, wie mich selbst; o mehr, weit mehr!
Mich lieb' ich nicht.

Abel.

Wie deine Rede klingt!
Seltsam —! Und wie dein Mund sich zwingt; —
O lächle nicht!

Kain.

Was trittst du weg? so sprich!
Soll ich mein Antlitz gar verhüllen vor dem Tage,

Daß es dein Aug' so licht und hehr
Nicht mehr beleidige? Ich hasse dich!

Abel.

Bruder, o Bruder!

Kain.

Nein, es war gelogen,
Unsinnig war's. — O Herr, verschließ' dein Ohr!
Hör' mich nicht, Herr!

Abel.

Kain, o blick' empor! —
Wie er sich bückt! wie er die Lippen regt!
Betest du wohl? Grau'nhaft verzogen
Der bebende Mund!

Kain.

Die Sünde, — die Sünde —

Abel.

Wie mir dein Anblick Lust und Mut erschlägt!
Wie er das Herz in Abscheu mir bewegt!
O Alles, Alles wollt' ich tragen,
Daß nicht der Anblick vor mir stünde!

Kain.

Die Sünde —

Abel (faßt ihn an)

Kain! — Sinnst du auf Sünde? Tu's!
Nur blick' empor! — O sieh', dort fliegt das Licht,
Der kühnste Vogel seinen stolzen Flug!
Und du? und ich? Ist's nicht genug,
Daß hier zur Erde lastet unser Fuß:
Soll es noch seh'n, wie du, gekrümmt vor Zagen,
Kauerst vor ihm und wagest nicht,
Zu seinen Höh'n die Augen aufzuschlagen?
Kain!

(Er schüttelt ihn.)

Kain.

Was willst du? was fassest du mich an?
Willst du mich töten? Ein Abscheu bin ich dir —
Dir, Allen — Töte denn! schlag' mich zu Tod!
Du tust es doch einmal —

Adam

Abel.

Was sagst du da? wie sollt' ich —?

Bruder!

Kain.

Zum Opfer, rasch! geh' du voran —
Ich liebe, liebe — es ist Gebot, —
Bete für mich! Geh', geh'!

(Während Abel vorangeht, schwingt Kain hinter ihm wütend die Keule; Abel wendet sich plötzlich um.)

Kain.

Herr, steh' mir bei!

Abel.

Bruder!

Kain (nahe zu ihm tretend)

Nichts Böses sinn' ich.

Abel.

Weg von mir —

Was wolltest du? o Gott!

Kain.

Nichts, nichts.

(Plötzlich hebt er die Keule und schlägt mit aller Macht auf Abels Schläfe.)

Das wollt' ich!

(Abel taumelt und stürzt zusammen.)

Kain.

Frei! frei! Ich atme —! o wie wohl, wie frei!

Abel.

Kain! (Er stirbt.)

Kain (nach einer Pause)

Und nun — steh' auf.

Steh' auf! — Das Haupt im Blut —
Was ist's, daß meine Kniee mich nicht tragen?
Geschlagen hab' ich — gut, daß ich geschlagen!
Hätt' er nicht auch —? Ein Abscheu — wie? nicht wahr?
Ein Abscheu bin ich ihm — Gut war es, gut.
Lieg', wo du liegst.

(Er wirft die Keule hin und will gehen, kehrt aber gleich zum Toten zurück.)

Voll Blut sein Haar
Bis in den Hals. — Steh' auf! — nur Trotz! sonst nichts;
Trotzig, wie immer. — Weh, hörst du mich bitten,

62

In Aengsten bitten, und da liegst du so,
So in der Blässe deines Angesichts —
Der Nasen rot, das bleiche Haupt inmitten,
Mit offnem Mund — — Die Augen! deine Augen wo?
Das ist kein Blick! es starrt empor — auf wen?
Und solch ein stumpfes, schmerzerschöpftes Klagen
In diesen Höhlen — Weh, was ist gescheh'n?
Ich hab' ihm doch die Augen nicht erschlagen!

(Er versucht, den Leichnam aufzurichten.)

Steh' auf, — da fällt er. Wie ich ihn werfen will,
So fällt er still, so liegt er still.
Liegt, wie ein Stein.
Wie du die Glieder einst so leicht gebogen,
So flink! — Und nun, — wie kann das sein?
Ist er denn weg? ist aus dem Leib entflogen?
Abel! — Ein Wort!

(Er hat sich vom Leichnam erhoben und horcht umher.)

     Willst du kein Wort erwidern?
Sprich zu mir, Abel! — Niemand spricht.

(Er neigt sich wieder hinab und rüttelt an der Leiche.)

Bist du denn das? Was ist's mit diesen Gliedern?
Wo bist du, sag'! Denn das bist du doch nicht!

Wie hell der Tag! Die Sonne blickt uns an,
Mich und —

(Er springt plötzlich in höchstem Entsetzen auf.)

     O Kain, was hast du getan?
Dort steht sie — steht und starrt mit ihrem grellen
Glutblick — Verbirg, verbirg ihn schnell!

(Er packt die Leiche, und will sie wegschleppen; dann hält er gleich inne.)

Wozu? es ward geseh'n! hell ist's, so hell!
Kain — der Herr! Er sah, er sieht —! Halt, halt!
Herr, ich will's sühnen! Opfer will ich fällen,
Vieltausend Tiere schlepp' ich aus dem Wald
Und fälle sie! Ich nicht — wie sollte ich —?
Gott! Gott! wirf nicht die Sonne auf mich nieder!
Halt' ein! Der Vater opfert dir für mich — —
Der Vater — rette, Herr! er sucht ihn, er kommt wieder —
Schütze mich, Herr!

Er kommt gewiß, und bald;
Und sieht und fragt: „Kain—?"
                    Nun, muß ich's wissen?
Ein Tier hat deinen Sohn zerrissen.
Das nicht, — er sieht ja! das kann ich nicht sagen.
Ein Felsen fiel herab, — er klomm, zur Lust, zum Spiel,
Die Schlucht hinunter, und ein Felsen fiel, —
Oft fällt dergleichen. Und ihn hat's erschlagen.
Er straft mich doch nicht Lügen? ha, ha, — er?
Er ist doch still? Schielt er nicht zu mir her?
Lebt er noch gar? wacht auf? O Not, o Not!
Wär's möglich? Toter Tiere sah ich viel,
Ist auch ein Mensch ganz, wie die Tiere, tot?
Wenn er nun liegt und hört — und dann mit Tücke
Steht er mir plötzlich auf, mich anzuklagen?
„Kein Felsen fiel, kein Tier riß mich in Stücke,
Vater, er lügt! er war's, der mich erschlagen!"

Der Vater sprach: Nicht ganz, wie dem Getier, entschwebet
Des Menschen Leben mit dem letzten Hauch.
Doch wenig sprach er, dunkel blieb sein Wort:
„Nicht sinnt dem Tode nach, — im Tode auch
Seid ihr des Herrn, der tötet und belebet". —
Wenn er nun aufsteht —? Nein, ich schaff' ihn fort!
Er darf nicht reden!
                    Und hast du's bedacht?
Wer weiß, er kommt vielleicht, kommt in der Nacht
Und würgt mich?
                    In die Höhle schlepp' ich ihn,
Wälz' einen Stein vor sie. — Das taugt nichts, nein!
Stark war er, hebt auch einen Stein. —
In Staub zerfallen soll er! nicht mehr sein!
Nie mehr!
                    Ich hab's! Ja, das ist recht. Darin
Lebt nichts. — zerstiebt, was lebt. Ins Feuer werf' ich ihn!
Und nimmer steht er auf. Es ist im Wald
Ein stiller Ort; da will ich's tun.
                                        Wer naht?
Laß mich nicht leben, Herr! Der Mutter Schritt!

Sie kommt, — wird sehen — Abel bleich und kalt —

(Er stürzt auf die Leiche zu)

Vor ihrem Aug' — die schreckliche Gestalt
Weg, weg! — O Gott! ihr tat ich, was ich tat!
Die Mutter, die Mutter erschlug ich mit!

Wo berg' ich ihn? nur schnell!

(Er schleppt den Leichnam durch die Mitteltür in die Hütte, dann stürzt er wieder heraus.)

Ich Tor!

Was tu' ich? dort? Sogleich wird sie ihn finden! —
Sie hält am Weg, das Unkraut wegzupflücken; —
Die Fackel will ich rasch entzünden —
Er muß hinweg! vor Aller, Aller Blicken,
Als hätt' er nie gelebt, in Nichts verschwinden! —
Sie wendet sich — verschließt euch, Aug' und Ohr!
Sie kommt!

(Er stürzt wieder gegen die Türe der Hütte zu, dann entflieht er, wie von Sinnen.)

Eva (kommt)

Kain!

Er flieht — vor mir ist er entfloh'n —

(Sie tritt vor und bleibt plötzlich starr steh'n.)

Blut — wessen Blut?

(Sie tritt rasch in die Hütte; man hört sie von innen aufschrei'n:)

Abel!

Adam (hinter der Szene rufend)

Abel!

Kain (kommt mit einer brennenden Fackel)

Ein Ton —!

Ein Ruf nur —: Abel, Abel! gellt
Von allen Enden dieser Welt!
Er muß hinweg!

(Er blickt ängstlich in die Hütte, — stürzt dann wieder vor, immer nach der halboffenen Tür zurückblickend. Halblaut, vor sich hin:)

Mutter, hinaus, hinaus —

In Feuer der Leib, in Feuer das Haus!
In Feuer Alles!

Adam (hinter der Szene, näher)

Abel!

5

Adam

Eva (aus der Hütte, ihm entgegeneilend)
Dein Sohn, — dein Sohn —!

(Sie verschwindet für eine Weile gegen den Hintergrund zu; Kain wirft die Fackel durch die Tür in die Hütte und stürzt hinweg.)

Adam (die wankende Eva an beiden Händen herbeiziehend)
Weh, welch ein Antlitz!

(Er tritt auf die Hütte zu.)

Eva.
Tritt nicht hinein!

Adam (hat die Türe geöffnet; helles Feuer schlägt heraus)
In Flammen die Hütte! Von meiner Schwelle jagen
Mich züngelnde Flammen! — Im roten Schein
Was glänzt dort so weiß?

Eva (zusammensinkend)
Erschlagen Abel, dein Sohn —

Adam.
Erschlagen! Kain hat ihn erschlagen!

Dritter Akt.

Am Rande der Wildnis. Höhlen, Klüfte, Buschwerk. Der Hintergrund in eine tiefe Schlucht abfallend. — Abend.
Adam, die Keule in der Hand, und Eva treten eilig auf.

Adam.
Entrinnen sollt' er mir? Es nachtet —
Wie lang' schon irr' ich! Keine Spur erspäht!
Mein armes Weib, und wie um Ruhe fleht
Dein müder Leib, und wie dein Auge schmachtet!

Eva.
Ich kann nicht mehr.

Adam.
Hätt' ich nur diese Schlucht,
Dies Höhlenirrsal noch durchsucht!
Zur Bergung lockt's — Wenn es ihn hält geborgen —!
Ha, wenn —!

(Er späht umher, indem er sich nach dem Hintergrund entfernt.)

Dritter Akt

Eva.

Du willst von mir?

Adam (zurückkommend)

Hier schlumm're, bis es tagt.
Dann aber — nein! er darf mir nicht entflieh'n!
Dann jagen, jagen über die Erde hin!
Es werde Abend und es werde Morgen —
Ich schlafe nicht, bis ich ihn aufgejagt!

Eva.

Adam, und dann?

Adam.

Du siehst in meiner Hand
Dies Holz, und fragst? Ha, wenn ihn meine Hände greifen,
Fort an den Haaren will ich ihn schleifen,
Und mit der Keule, die Abels Blut gerötet,
Und auf der Stätte, wo Abels Leib verbrannt,
Wie er getötet, sei er getötet!

Eva.

Es kommt der Tag, der findet mich allein —!
Begonnen hat's und ganz wird sich's erfüllen.
Adam!

(Adam wendet sich ab.)

O Ew'ger, sieh auf meine Pein!
O künde deinen heil'gen Willen!
Muß Blut um Blut —?

Adam.

Ja, Blut um Blut,
Ja, Mord um Mord!

Eva.

Nein!

(Er blickt sie betroffen an.)

Adam, er entfloh, —
Im Elend stirbt er. Adam, muß es sein:
Laß ihn so sterben!

Adam (bitter)

O, nicht so!
In deinem Auge diese Tränenflut
Will Größeres erfleh'n!

(Nach der Wildnis deutend:)

Haft du vernommen?
Das ist nicht Wasser, noch des Windes Brausen,
Die Tiere sind's, die in der Wildnis hausen,
Die Wildnis ruft, aus der wir einst gekommen! —
O, dort ist Frieden! Auf, durch deinen Garten wandre!
Dort ist nicht Wissen, nicht Bös und Gut;
Dort siehst du Mütter: wenn von ihrer Brut
In Frieden hinwürgt Eins das Andre:
Wohl klagt das Weibchen, denn das Waldgetier
Liebt seine Sprößlinge, gleich dir, —
Allein nicht Wissen hat sie — und nicht frißt an ihr
Der Haß des Bösen, und nicht schreit
In ihr der Hunger nach Gerechtigkeit!
Sie klagt, — und bald im dumpfen Sinn verrinnt
Das Weh; ein Zweites ist ihr ja beschieden,
Und mit dem Zweiten haust sie nun in Frieden,
Und zärtelt mit dem wohlgeliebten Kind.
Willst du nicht auch —?
                    Du schüttelst dich. Vergieb!
Dem bittren Gram vergieb den bittren Hohn!
O anders, als da liebt des Fleisches Trieb,
Hab' ich ja dich geliebt, mein Sohn!
Und heut', wie er sein Aug' am Licht getränkt,
Das Haupt erhoben erst, dann still gesenkt,
Da zuckt' es hell in mir: So stolz und kühn
Steh' mir nur da! nicht not ist's, dich zu beugen, —
Wie ich dich seh' dein Haupt dem Lichte neigen:
Du selbst bist Licht — und in dir neu gebar
Das ew'ge Licht sich selbst, — und bald in seinem Glüh'n
Wird aufgezehrt, was an dir Erde war! —
Und nicht zur Mittagshöhe durft' es dringen, —
Hinabgestürzt hat's die verfluchte Hand
Mitten im Flug —! (Er erhebt die Keule)
                    Noch heut'! durch alles Land
Will ich ihn suchen! will die Keule schwingen —
Herr, laß mich heut' noch dein Gericht vollbringen!
                                   Eva.
Adam, ich hab' geliebt —

68

Adam.

Und er,
Er ist's, den du beklagst; und deine Tränen
Fließen um ihn —!

Eva.

Um ihn, um Jenen —

Adam.

Der Name dringt aus deiner Kehle schwer.

Eva.

Um Kain fließen sie! Ja, laute Klage
Erheb' ich wider mich: o hätt' ich mehr
Der Liebe ihm gegeben, wie er trübe,
Ach, ohne Sonne hinschlich seine Tage!

Adam.

Die Sonne stand vor ihm — und Freud' und Liebe
Quollen aus ihr; und finstern Angesichts
Wandt' er den Blick. Denn hör' und wiss':
Gleichwie der Herr schied Licht und Finsternis,
So von den Kindern auch der Finsternis
Schied er die Kinder ab des Lichts.
Und früh zu sterben ward dem lichtgebor'nen Kind, —
Er aber, der's getötet, er entrinnt,
Ihn schützt die Nacht. Was lull' ich mich in Trug?
Tröste dich, Weib! er ist entronnen. —
Sei denn ein langes Leben ihm gegeben!
Reich fruchte ihm sein Acker, Weins genug
Sproß' ihm am Hügel! Leb' er denn in Wonnen,
So lang' er mag —

(Für sich)

Ich aber will nicht leben.

Eva.

O Mann, so willst du ruh'n vom bösen Jagen?

Adam.

Ja, ich will ruh'n. — Frei bist du deiner Last,
Nicht wahr? und mich auch, Freude füllt mich fast,
Und am Gesicht der Welt ein seltsames Behagen.
Er lebe! Und fürwahr, es wär' nicht recht,
Wenn er in Oed' und Elend still entschwände,

Und mit ihm fänd' ein stummes Ende
Das kaumgeschaffene Geschlecht.
O! er soll leben, — leben und sich mehren!
Tritt her!
       Und so nun über deinen Leib
Ergeht mein Wort: Gebier du ihm ein Weib!
Es werde zahllos, gleich den Sternenheeren
Die edle Sippe!
       (Mit weitoffenen Augen ausblickend:)
       Wie sie mich umdrängen,
Die Ungebor'nen! Gleich dem Meersturm hallt
Ihr Brüllen — Dort, mit Zähnen und mit Fängen
In einen blutigen Knäuel geballt
All' wieder Alle! Tiere ohne Zahl,
Quälend und Qualen suchend mit Begier, —
Und all die Tiere nur ein einz'ges Tier,
Und all die Qualen eine einz'ge Qual!
Wohlauf denn, Kains-Söhne, Kains-Erben,
Zerfleischet euch, zerfleischet euch!
Mag es verderben,
Mag sich in sich, wie ein brennender Wald,
Verzehren das ganze Menschenreich!
Und wären Zwei auf Erden nur von euch
Und stünden an der Erde fernsten Enden:
Sie brächen auf, und über Berg und Tal
Wanderten sie, und träfen sich einmal
Und stürben Einer von des Andern Händen!
       (Er sinkt ermattet auf einen Felsen.)

Eva.

Nacht überwältigt ihn, — aus dem Geklüfte
Schwer steigt sie auf, und hüllt in Grau'n ihn ein.
Du, sagt er, wohnst in ew'gem Tagesschein, —
Unsichtbarer! O einen Saum nur lüfte
Der Hülle um dein golden Angesicht, —
Es rühre seine Stirn ein Streifen Licht
Und lächle weg das Traumgesicht der Pein!
Viel weiß er, aber Eines weiß er nicht,
Ich aber weiß es und ich bin's gewiß:

Wie du mein Innerstes bewegest,
Nicht ist ein Kind der Finsternis
Das Leben, das du heimlich in mir pflegest.

(Sie betrachtet Adam)

Die Augen schloß er, — seltsam still-verklärt;
Umweh' ihn, Herr, mit sanften Schlummers Hauch!
Wie Grün das graue Erdreich, überkleidet
Schlaf allen Gram. — Er selbst hat mich gelehrt:
Gerecht bist du, doch gütig bist du auch, —
Laß schlafen, Alles schlafen, was da leidet.

(Adam wirft sich hin und her.)

O raste nun! Und flieh'n im Ost die Sterne,
Dann fort! Und fern von hier, mein Trauter du,
In neuer Hütte findest du mir Ruh' —

Adam.

Fern, fern, — o dort, wo Abel weilt, gar ferne.

(Kurze, jähe Bewegung im Gebüsch, Adam blickt auf. Eva, die rasch hingetreten war, stößt einen leisen Schrei aus und eilt hastig zu Adam zurück.)

Eva

Hinweg, hinweg!

Adam

Was schreckt dich auf?

Eva

O komm!

(Adam ist aufgesprungen, — reißt sich von Eva, die ihn halten will, los, und zerteilt das Gebüsch. Man erblickt Kain, schlafend.)

Adam

(schiebt ruhig ein Felsstück ans Gesträuch, so daß dieses seitwärts festgehalten wird und der Blick auf Kain völlig frei bleibt. Dann betrachtet er lächelnd den Schlafenden.)

Er ist's, — er schläft. Fürwahr, und fest und tief!
Vor seinem Ohr der Jammer, und er schlief!
Und schläft. Gar friedlich liegt er da und fromm,
Er atmet still und seine Seele ruht.
Und Abel schrie doch, als der Schlag ihn traf,
Gewiß, er schrie. Ihn schreit's nicht aus dem Schlaf.
Wahrhaftig, steht es so um Bös und Gut? —
Ha, du!

(Er greift wütend nach der Keule, Eva breitet abwehrend die Arme gegen ihn.)

Adam.

Und hast du's nicht erkannt?
Aus hohen Himmeln ruft er seinen Willen,

71

Er selber liefert ihn in meine Hand —
Und wahrlich, dies Gebot will ich erfüllen!
Den kalten Wurm, wie er da liegt so träg,
Aufrütteln will ich ihn —

        Eva.

    Adam, er schläft in Frieden.
Ich sah ihn flieh'n: das Grau'n hat ihn gehetzt,
Von Kluft zu Kluft hat es ihm nachgesetzt,
Mit Blut und Angstschweiß hat er den Weg genetzt —
O Adam, Adam, welch ein Weg!
Und hier verließ ihn seine Kraft. Die müden
Bebenden Glieder sanken hin;
Da neigte sich der Ew'ge über ihn,
Und wie die Seele bat und ächzte schwer,
Gab er ihr seinen Frieden. Tief in Schweigen
Ruht sie, als drohte nichts auf Erden mehr,
Als wenn sie längst gestorben wär'.
Und wolltest du nun über ihn dich neigen
Und rütteln ihn aus der Vergessenheit:
Das Leben gieb, das du noch schuldest,
Leb' auf, auf daß du Pein erduldest,
Und Todesleid um Todesleid —?

        Adam.

Und wär' er tot, und längst nach allen Winden
Sein Staub verstreut, vor ungemeff'nen Zeiten:
Aus allen Winden und aus allen Weiten
Zum alten Leibe sollt' der Staub sich binden, —
Daß er erstehe, grauenvoll erneut,
Und find' auf seiner Hand die Tropfen wieder,
Aus Abels Stirn die Tropfen, die da kleben, —
Und diese Hand müßt' er zum Richter heben
Und hören: Sei verdammt! und stürzen nieder
Vom Blitzschlag der Gerechtigkeit!

     (Er erhebt die Keule und tritt auf Kain zu.)
Und so gescheh' es denn, — ich will ihn wecken!

      Eva (sich vor ihn hinstellend)
Nein! deine Hände darfst du nicht beflecken!
Nicht Blut um Blut, nicht Mord um Mord!

Adam.

Eva!

(Plötzlich, wie von einem neuen Gedanken erfaßt, tritt er feierlich vor.)

Wohlan! — Du, Menschenwerkzeug, fort!

(Er schleudert die Keule in die Schlucht.)

Er selbst, er droben, rede heut' sein Wort,
Und was Gerechtigkeit ist, sollst du lernen!

(Er reißt Kain mit einem Ruck auf.)

Ich bin's!

(Kain starrt ihn an, dann fährt er sich über die Stirne.)

Adam.

O du! hoch über Sonn' und Sternen!
Hier steht er, — richte nun, o richte nun!

Kain (mit verlorenem Blick)

Ja, ja, du bist's! — Was willst du mit mir tun?

Adam.

Zu dir, mein Gott! O binde meine Hände,
Lähme den Arm, daß ich's nicht selbst vollende! —
Von deinem Flammensitz
Sende den Blitz!

Eva.

Mein Herr und Gott!

Adam.

O sende, sende!

Kain.

Gnade mir, Herr, — ich hab' erschlagen,
Erschlagen hab' ich —

Eva.

Es zuckt kein Strahl. —
Erbarm' dich, Ew'ger, seiner Qual!

(Sie ergreift Adams Hand.)

Adam, laß ab!

Adam (die Hand gegen den Himmel erhebend)

Steh' ich hier anzuklagen
Und achtest du nicht mein? — Ich hab' dich nie geschaut,
Doch sprichst du mir: in meiner Seele laut
Tönt dein Gebot, wenn Aug' und Ohr sich schließt
Und ganz mein Herz sich in Gebet ergießt; —
Und ich hab' dir geglaubt und dir vertraut!
Und folgte je dies Fleisch nicht dir allein,

Wie hab' ich mich gemüht in inn'rer Not,
Und unrein schalt ich's, — denn nichts war mir rein
Und heilig nichts, als dein Gebot!
Und nun, zerrissen liegt es und zertreten — —
Die Erde tu' sich auf und schling' ihn ein!
Herr, gieb, daß nicht mein Glaube wanke,
Schon sinkt mein Mut, schon sündigt mein Gedanke —
Herr, laß mich nicht vergebens beten!

Kain.
Nicht klafft die Erde — nein, er hört ihn nicht.

Adam.
Und schon die Stirne hebt er ohne Scham,
Der Blutige! — — Herr, was mir dieser schuf,
War Grams genug, — doch ist noch and'rer Gram,
Bitter, wie keiner —!

Kain.
Nein, er hört ihn nicht.

Eva.
Es tu' der Herr an ihm nach seinem Willen, —
Adam, laß ab!

Adam.
Hör' meinen Ruf!
Recht und Gericht! Recht will ich und Gericht!

Kain.
Still ist's. Im Wind nur fern ein dumpfes Brüllen.
Haha! Das sind sie ja, und dies die Stunde —
Sie kommen wohl! der Adler kommt verstohlen,
Auf weichen Sohlen
Schleicht an der Wolf, den Freund zu holen,
Dann tanzen schweigend sie um dich die Runde.
Zuckst du? Ja, stumm in ihren Finsternissen
Erzählt die Nacht, was nicht der Tag darf wissen.
Nachtfreund der Wölfe! und du willst nicht loben
Den Wolf, der herrlich sich im Sohn erhoben?
Und richten willst du, — du mit strengen Mienen
Mich, meines Vaters Fleisch und Blut?
Geh' hin, bleib' dort! Denn besser ist's bei ihnen:

Wie sie dir koseten, als du erschienen!
Wie lang' die Wildnis noch vor Freuden schrie!
Fürwahr, mich dünkt, gut sind nur sie,
Sie, die nicht wissen, was Bös und Gut.
Laß mich und geh'! Zum Kosen taug' ich nicht, —
Ein krankes Tier, das nimmermehr gesundet;
Getötet hast du's nicht, doch arg verwundet, —
Nicht braucht es dein Gericht, — ich habe mein Gericht.
Wie haß' ich dich! Das Wissen gabst du mir —
Was bin ich nun? ich bin ein wissend Tier.
Schuf ich dir Qual, du schufst mir größ're Qual,
Leidest du einmal, leid' ich tausendmal.
Nicht sterben werd' ich; — wär' mir Tod gegeben,
Doch ständ' ich auf, durch alle Welten weit
Trüg' ich, was in mir lebt, durch tausend Leben —
Denn hier lebt Qual für eine Ewigkeit.
Das dank' ich dir. Verflucht dein Wissen!
Dort, dort zerreißen sie, — und jauchzend schrei'n
Sie nach wie vor; — und ich auch hab' zerrissen,
Ich aber weiß — und Glut frißt mein Gebein.

(Gegen die Wildnis gewendet :)

Fluch auf euch alle! Hätte Macht mein Spruch,
Wahrhaftig, Trost erschüf' ich mir an euch!
Einstmals, wer weiß, erfüllt sich doch der Fluch:
Erwacht und wisset, und seid mir gleich!
Dann, wenn ihr aus dem Schlaf die Augen hebet, —
Wenn wundersam der Wolf erbebet
Im Schmerz des Lamms, das er zerrissen, —
Die Schlange fühlt, als wäre sie gebissen,
Wie unter ihrem Biß der Vogel rang, —
Und wenn der Vogel ahnet bang
Das Weh des Wurms, den er zerdrückt, —
Und wenn das Lamm weiß, daß es Leben pflückt,
Das Schlingkraut, daß es seinen Baum erstickt, —
Wenn Feuer und Sturm und Wogenschwall,
Wenn die Verderber all im All
Seltsam verstört ausblicken ins Verderben, —
Dann, wenn die Welt verblutet an dem Stachel: Wissen —

Adam

Dann wär' mir Trost, — ja, dann allein
Könnt' in mir sterben
Die Pein, und ich mit meiner Pein!

Adam.

Haß tobt aus ihm — geduldig hörst du's toben,

Kain.

Den droben laß, — wenn Einer ist da droben.
Ja, könntest du von deinem Gott erflehen,
Daß die Gebeine Abels auferstehen —!
Doch du vermagst's nicht; denn nicht allzusehr
Scheint ihm an dir und deinem Fleh'n gelegen.
Drum geh'! — den Deinen geh' entgegen,
Ein seltsam Regen
Beginnt im Wald —

Eva.

Adam! sie zieh'n hieher!

Adam.

Hieher! — Mein Gott, wenn Erd' und Himmel schweigen,
Laß diese Tiere für mich zeugen!
Nicht meine, Herr, — nun ist es deine Sache!
Wär' auch mein Glaube Wahn und mein Vertrauen Trug,
Und nichts vor dir all unser Erdenleid,
So ist's doch wider dich des grausen Hohns genug,
Daß du den Ruf vernehmest: Rache!
Und hörest die Mahnung: Gerechtigkeit!

(Brausen im Wald, wachsend und näher kommend.)

Hieher! hieher! Nicht gilt es Reigenführen
Noch lust'ge Hatz in dieser Nacht —!
Hieher!

Kain.

Wie stürmt's! wie's im Geklüfte kracht!

(Aengstlich, gezwungen lächelnd)

Was tust du? Schweigend spricht man zu den Tieren!
Und stumme Zärtlichkeit versteh'n sie gut —

Adam.

Nur nah! nur nah! heut' gilt es Blut!
Was zauderst du, verfluchte wilde Brut?
Der Richter ruft, und ich bin seine Stimme!

76

Dritter Akt

Kain.

Sie kommen — weh! Gott gnade meinen Sünden!

Eva.

Flieh', Kain, flieh'!

Adam (faßt Kain an und zieht ihn gegen die Schlucht)
Hier eurem Grimme
Die Beute biet' ich — Jagdraub euren Schlünden!

Kain.

Laß mich — Entsetzlicher!

Adam.
Verschlinget ihn!
Daß euer Sein doch Sühnung finden mag,
Das gräßliche, an diesem einen Tag!
Verschlinget ihn!
Und mit der Wildnis, die euch ausgespie'n,
Versinket, daß auf ewig sich zugleich
Der Abgrund schließe über ihm und euch!

Kain.

Die Schlucht ist voll — Grau'n, Grau'n — sie springen an —

Eva (aufschreiend)
Adam!

(Ein mächtiges Tier hat, aus der Schlucht herauf, mit seinen Taßen Adam ergriffen und
hinabgerissen. Eva stürzt seitwärts durch die Felsen fort. Gewaltiger Sturm
von allen Seiten.)

Eva (aus der Tiefe)
Weh, Wehe!

Kain (am Rande der Schlucht umherirrend und hinabblickend)
Wo ist er? Die Tiere — die Tiere über ihn!
Rette dich, Mutter!
Dort! nach allen Enden jagen sie —
Die blutigen Stücke tragen sie,
Die Stücke seines Leibs —
(nach dem Vordergrund kommend:)
Hab' ich's getan?
Ich hab' es nicht getan —
(Eva kommt langsam von der rechten Seite)
Was schwankt heran?
Sie ist's, — die Mutter —!

77

Adam

Ja, ich hab's getan —
Ich nicht — 's ist Lüge! nein! O könnt' ich geben
Mein Blut für sein's! — Die Mutter!

Eva (vor sich hin)

Ich muß leben —
Allewiger, ich muß ja leben!

(Sie bleibt, in sich versunken, auf der rechten Seite der Bühne steh'n, — Kain eine Zeitlang auf der linken. Nach einer Pause erhebt er furchtsam die Augen und nähert sich
ihr während des Folgenden allgemach.)

Kain.

Mutter —!

(Sie steht ohne aufzublicken da.)

Kann es noch sein, daß ich, — nach vielen Tagen,
Komme, — o Mutter —

ach, und willst du's: bald —
Morgen vielleicht, — daß ich mich bett' im Wald
In deiner Näh' — und komme, — einst, nach Tagen,
Und helfe dir dies Leben tragen,
Das Ackerfeld für dich bestelle,
Die Herde weide — o nur aus der Quelle
Dir Wasser bringe —

Eva (jäh aufblickend und zurückweichend)

Fort!

Kain.

Mutter, ich hört' es ja, — dein Liebeswort
Hab' ich gehört, — nein, Liebe nicht,
Erbarmen doch — Und nun: o ich versteh'!
Ein Schrecknis starrt vor dir; — hab' ich's getan?
Und härter, als des Vaters Strafgericht
Straft du mich, du —! Ein Schrecknis starrt dich an —
Doch hab' ich's nicht getan —

(Eva schweigt, als hörte sie ihn nicht.)

Ich will nicht jetzt —
Nur einstmals, später — nur in deiner Näh' —!
Nicht blicken werd' ich in dein Auge je,
Ich weiß, daß sich dein Blick vor mir entsetzt —
Nicht deine Hand werd' ich berühren, —
Stumm bis zum Grab will ich dies Dasein führen —

Mutter, du weißt nicht, wie ich elend bin!
O nur auf ewig wirf mich nicht dahin!

Eva.

Fort!

(Sie tritt in eine der Höhlen und wälzt von innen einen Stein vor den Eingang.)

Kain.

In die Höhle —! willst du hier zur Nacht —?
Die Wildnis hinter dir! von blutigen Tieren
Wimmelt's ringsum —! Laß mich zum Schutz, zur Wacht
Hier bleiben, heut' nur! — Mutter, sprich zu mir,
Sag' nur dies Eine: Bleibe hier!
Und morgen laß mich dich geleiten, —
Stumm will ich hinter dir des Weges schreiten,
Dir eine Hütte bau'n, — und dann, wenn du's begehrst,
Hingeh'n, wo du nicht meine Stimme hörst,
Auf ewig von dir wandern in die Weiten!
O Mutter —!

Eva (aus der Höhle, unsichtbar)

Fort!

Kain.

Dies Eine nur. —
Vielleicht ist's besser so. Des Jammers blut'ge Spur
Das bin ich ihr, das werd' ich immer sein.
Gäb' es Vergessen, Lindrung ihrem Weh',
Und sähe sie auf mich —
　　　　　　Ja, besser ist's, ich geh'. —
Mutter, leb' wohl!

(Er horcht an der Höhle. Keine Antwort.)

Und bleibt sie hier, allein?
Allein in dieser Wüste? —
　　　　　　O wie oft
Dacht' ich, wenn ich sie sah: Sie liebt, nur sie!
Die Liebe nur, die e i n e endet nie!
Und sie hat doch geendet.
　　　　　　Und ich hab' gehofft!
Fürwahr, Vergebung hofft' ich! Sie hat mich geliebt, —
Ein Fünkchen, dacht' ich, wär' davon geblieben;
Wenn s i e nicht liebt, wer sollte lieben?
Und wer vergeben, wenn nicht sie vergiebt?

O du — Nein, nicht zu ihm! Er hat nicht ihn gehört:
Wie hört' er mich? — Gericht und Recht und Rache!
Haha! Er lacht vielleicht, wie ich nun lache,
Ob diesem Ungefähr, ob dem Gericht von heut'!
Er lacht vielleicht seit Ewigkeit!
Ob Allem! — Nicht der Liebe, noch des Zornes wert
Ist ihm die Welt; als ihm das Nichts mißfiel,
Erschuf er sie, zum Spiel —
Und lässig ließ er sie aus seinen Händen:
Nun geh' sie ihres Wegs.
                            Und jetzt: wohin mich wenden?
Ich denk': ich geh', wie sie, auf's Ungefähr.
Zuseh'n will ich mir selbst, wie ich nun leben werde —
Leben! mit diesem Brand, der nie verglimmt,
Dem Wurm, der nie entschläft —
                            Schwer trägt sich's, schwer.

(Er hat einige Schritte gemacht und bleibt nun stehen, in Verzweiflung ausbrechend:)

Und keine Hand, die's von mir nimmt?
Niemand im Himmel? Niemand auf der Erde?
Niemand — Niemand —

(Er verschwindet im Geklüft.)

Hippolytos.

Tragödie.

Perſonen:

Artemis.

Nymphen (Oreaden, Najaden, Dryaden): Chor der Artemis.

Aphrodite.

Eroten (Liebesgenien): Chor der Aphrodite.

————

Theſeus, König von Athen.

Phädra, ſeine Frau.

Hippolytos, Theſeus' Sohn, aus der Verbindung mit der Amazone Antiope.

Ein **Prieſter** der Aphrodite.

Leontes, Freund des Hippolytos.

Straton, Feldhauptmann.

Xanthos, }
Menander, } Truppenführer.

Berenike, Dienerin der Phädra.

Krieger. Jünglinge und **Mädchen. Frauen** der Phädra. **Volk.**

Die Handlung ſpielt in Troezen, einer kleinen Landſtadt unter der Herrſchaft des Theſeus.

————

Erſter Akt.

Links der Königspalaſt, mit Säulenvorhalle. Vor ihm eine Statue der Aphrobite, nackt, mit Blumen und Gewinden geſchmückt. — Rechts eine nur mit dem äußerſten Rande in die Szene hineinreichende Au, von Ulmen eingehegt; weiter zurück Wald, Felſen, Grotten. Am Eingang einer Grotte die Statue der Artemis. Vor beiden Götterbildern je ein Altar. — Im Hintergrunde das Meer, mit aufragender Klippe. — Abenddämmerung. Vor dem Altar der Aphrobite, auf dem das Opferfeuer brennt, der Prieſter, Jünglinge und Mädchen, Volk. Vor dem Altar der Artemis Hippolytos allein.

Prieſter.

Stern des Meeres, aufgeſtrahlt
Aus ſchweigſam flutender Tiefe,
Göttlich geheißen den Göttern ſelbſt,
Den Sterblichen himmliſche Herrin,

Aphrobite, der Blumen Schoß
Sanften Hauches entſiegelnd,
Aphrobite, Bezwingerin,
In Mann und Männin gewaltig:

Nun, da die Myrte leuchtet im Buſch,
Und das Herz der Roſe ſich öffnet,
Nun die Granate ſchwellend zerreißt
Den feuerfarbnen Schleier —

Laß, beim Scheine des Dämmerſterns,
Hehr Geheimnis, dich ehren,
Nimm die Blumen, nimm hin die Glut,
Die dir duftend entbrennet!

(Er wirft Weihrauch in die Opferflamme, die ſogleich hoch auflobert. Die Umſtehenden treten näher an den Altar, ſtreuen Blumen und legen Kränze nieder.)

Jünglinge, Mädchen, Volk.

Gruß dir, Gruß dir!
Gnädig blicke, gnädig walte,
Gruß dir, liebe Herrin, Gruß!

(Der Chor zerſtreut ſich langſam. Der Prieſter blickt eine Weile ſchweigend auf Hippolytos; während des Folgenden tritt er näher zu ihm).

Prieſter.

Du aber, Herr, der Göttin weigerſt du ihr Recht?

Hippolytos

Hippolytos (auf die Statue der Artemis blickend)

Was einzig ziemt der Einz'gen, könnt' ich's geben doch!

Priester (auf Artemis deutend)

Von dieser, scheint es, sprichst du, — doch in dunklem Wort.

Hippolytos.

Nie berührt von eines Mähers Sichel
Schlummert dort im Ulmenhag die Au;
Vögel überfliegen wohl die Schranke,
Ueberschreiten darf ein Fuß sie nicht.
Knabe war ich, fragte einst die Hirten:
Warum treibt ihr nicht auf jene Trift?
Und erschauernd hört' ich: Sie ist heilig
Ihr, der Göttin-Jungfrau Artemis.
Da umfing die Stirn mir stilles Träumen,
Und ich sah sie: zwischen Blumen sitzend,
Vögel drängen sich um Haupt und Schulter,
Winde flattern um Gewand und Locken, —
Also sitzt auf nie betretner Erde
Sie, die Göttin-Jungfrau Artemis.

(Gegen die Statue:)

Dich mit jenen Blumen wollt' ich kränzen
Deiner Au, vor allen mir geliebt!
Nicht berühren darf ich, was ich liebe, —
Bleib' es, wie ich's liebe, unberührt!
Doch ich fühl' auf mir dein gnädig Auge,
Hehres Mädchen, — fühle, daß du nah bist,
Ob ich tummle meine schlanken Rosse,
Ob ich jagend mit den Rüden schweife:
Lüfte brausen, und in Lüften kommst du,
Wipfel rauschen, und im Rauschen rufst du,
Aeste knarren, Felsen trümmern nieder,
Denn du nahst von deines Bergwalds Kuppen,
Jägerin, vor dir die Wolken treibend,
Nahst mit Bogen und dem vollen Köcher,
Und du schreitest schützend mir zur Seite,
Bis der Eber liegt — und süße Rast winkt.
Und gelind umweht mich kühler Atem,
Ja, du bist's! du neigst zu mir dich über,

Hauchſt aus heißer Stirn das feuchte Haar mir —:
Selig, ſelig, ſtürmend oder ruhend,
Selig, Herrin, fühl' ich deine Nähe!
O laß mich ſo bleiben, — nicht mit Blumen
Unberührter Au darf ich dich kränzen,
Doch mich ſelbſt, wenn du mich annimmſt, weih' ich
Dir, der Göttin-Jungfrau Artemis!

(Er neigt das Haupt über den Altar.)

Prieſter.

O Jüngling, Jüngling!

Hippolytos (emporfahrend)
Welche Stimme ſchreckt mich auf?

Prieſter.

Weh, doppelt Unheil!

Hippolytos.
Seltſam, wie du mich erſchreckſt.

Prieſter (mit einem Blick auf die Statue der Aphrodite, dann auf jene der Artemis)
Ein ſchlimmes Schickſal fürchte, wer mit Göttern kämpft —
Es fürchte Schlimmeres, wer Göttern gleichen will!

Hippolytos.
Schwer iſt der Rede Schrittmaß, und wie leicht ihr Sinn!
Von Jünglingen wohl hört' ich das, worauf du zielſt.

Prieſter.
Der eignen Jugend denkend, Jugend gönn' ich dir.

Hippolytos.
Jugend und Torheit —

Prieſter.
Altklug biſt du, weiſe nicht.

Hippolytos.
Haſt du wohl Weisheit?

Prieſter.
Hätt' ich ſie!

Hippolytos.
Du ſagſt es ſelbſt.

Prieſter.
Fern iſt der Weisheit, wer nicht auch die Torheit ſchätzt.

(Trompetenſtöße hinter der Szene.)

Hippolytos (rasch vorstürzend)

Trompeten — Ha! wie schmettert's alle die Worte weg!
Wem ruft's? — Nun wieder!

Priester.

Freudig wieherst du auf,
Du junges Schlachtroß!

Hippolytos.

Sind's die Gefährten wohl?
Zögen sie gar zu nächtlicher Jagd hinaus?
Auf Bergeshöh'n — im Mondenglanz —
Der Göttin zu Ehren, die du nicht ehrst?

Priester.

Kind, alle Götter ehr' ich — alle ehr' auch du!
O, daß dich alle schützten.

(Er umarmt ihn.)

Hippolytos.

Dank dir. Doch nun laß,
Ich muß dahin — O Straton!

(Straton tritt auf.)

Straton (erst zum Priester, dann zu Hippolytos:)

Sei gegrüßt —
Und du —

Hippolytos.

An Theseus' Seite dacht' ich dich,
Fern über'm Meere kämpfend.

Straton.

Kampf und Müh'n sein Leben —
Teilt' ich's nur stets! Diesmal hat er's verwehrt,
Ließ mich zurück, zu hüten Stadt und Lande,
Zu schirmen auch das schönste Beutestück,
Das er aus Kreta siegreich heimgebracht,
Minos', des Urfeinds, Tochter —

Hippolytos.

Phädra.

Straton.

Ja —
So kennst du noch den Namen? Denn es schien,
Als hätten Bergesnymphen deinen Geist entführt

Am Tag des Festpomps, als die Mächt'ge kam.
Mit Ingrimm sah ich's. Alles Volk Athens
Hing an dem dunklen Antlitz, der Gestalt,
Aufragend ernst und stolz, zypressenhaft.
Und flüsternd nannten sie die Einst-Geliebten,
Des Königs Schönen alle, groß an Zahl, —
In Dem, in Jenem schöner Die und Jene;
Und dennoch war der klugen Reden Schluß:
Sie ist's, die Einz'ge sie — die Herrscherin!
Doch du —
(auffahrend :)
Was red' ich doch von ihr! Da — (zum Priester:) sieh ihn an:
Ist das ein Jüngling? Ja — ein Mädchen liebt er,
Unnahbar hoch in Wolken; sonst — da sieh:
Vor allen, allen Frauen steht er so!
Sie sind ihm alle Phädra!
Käm' Aphrodite selbst, — nicht so, wie die —
(auf die Statue weisend)
Nein, unverblümt, wie sie zu Paris kam,
Es wär', wie damals in Athen:
Er blickte hin und kehrte um,
Heimtrabend, wie ein Bärenjunges,
Hieher, zum Walde seiner Artemis.

Priester.

Wie seine Wangen glüh'n. Laß ab.

Straton.
O ruchlos!
Und auch nicht Eine, die ihm nahe kam!
(Er faßt Hippolytos an)
Gesteh'! Nicht Eine! —
Wer dir das vererbt?
Die Mutter nicht, die Amazone,
Die unsern Herrn bekriegt hat und geliebt,
Wie Wilde kämpfen und wie Wilde lieben;
So war's der Vater wohl —
(Er lacht)

Hippolytos.

Sprich nicht von Frau'n —

(leiſer:)

von meines Vaters Frau'n.

Straton.

Von Einer muß ich wohl — denn ſie iſt hier.

Prieſter.

Die Königin!

Straton.

Wir ſah'n ſie lange ſchon
Hinwandeln ſchwer und ſchweigſam durch die Hallen,
Als preßt' unſichtbar eines Dämons Hand
Ihr Haupt und Nacken nieder.
Und plötzlich fiel ſie ſeltſam Sehnen an, —
Als wär's das Sehnen des Hippolytos!
„Fort, fort aus dem geſchäftigen Athen!"
Hieher, — in dieſe Oede drängte ſie!
Wirklich und wahrhaft — alſo Weſen gibt's,
Die plötzlich Gier nach Waldgeſtrüpp ergreift,
Nach moosbewachſ'nen Steinen — Felſenlöchern —

(Er wendet ſich zum Abgehen)

Sei's denn! ich will nach meinen Wachen ſeh'n.

(Zu Hippolytos:)

Du aber geh' und biet' ihr deinen Gruß —
Da kommt ſie ſelbſt.

Prieſter (nachdenklich)

O waltet, gütige Götter,
Daß über ihrem Kommen Segen ſei.

(Straton und der Prieſter ab. Phädra war, von Berenike begleitet, in der Mitteltür des Palaſtes erſchienen. Sie winkt Berenike ſogleich zurück und bleibt dann eine
Weile ſtehen, Hippolytos betrachtend, der ſie in ſtummer Verwirrung anſieht. Während
des Folgenden tritt ſie langſam zwiſchen die Säulen, dann die Stufen herunter.)

Phädra (nach längerer Pauſe)

Und weiter alſo haſt du nichts zu ſagen?

Hippolytos.

Spotte nicht, Herrin!
Eigen — eigen
Zwang es den Atem zurück in die Bruſt; —
Sei mir gegrüßt!

Wie eigen —
Das Wort fand ich mir nicht.

Phädra (abgewendet)
Einen Tropfen
Schauernder Wonne
In bitterster Leiden Kelch —
Grausam, ihr Waltenden,
Wißt ihr zu mischen!
Daß die Seele lerne
An Seligkeit glauben,
Wenn sie in Jammer vergeht!

Hippolytos.
Was sinnst du, Herrin?

Phädra (vor sich hin)
Theseus' Gattin bin ich —

Hippolytos.
Ich kannte dich gleich.

Phädra (ohne ihn zu hören, heftiger)
Ich bin es — bin es —
Und mehr —: bin König Minos' Tochter —

Hippolytos.
Mehr?
Soweit die Erde sich dehnt
Unter dem sternehegenden Himmel,
Keinen Mann trug sie, wie Theseus.
Herakles nur, des höchsten Gottes Sohn,
Er, selbst ein Gott erhöht in den Olympos,
Er nur, wenn nicht die Sage prahlt,
Glich meinem Vater Theseus.
Ehrfürchtig nenne die Welt,
Ehrfürchtig du
Dich meines Vaters Ehgemahl.

Phädra.
Deines Vaters Ehgemahl —
Nicht deine Mutter auch?
Wundersam jung,
Wie des Gatten Sohn, —
Wer gab ihr das Recht, so zu sein?

Hippolytos.

Antiope, der Amazonen
Bogengewaltige Königin,
War meine Mutter.

Phädra.

Ja, die Andre war's —
Der Andern Eine,
Der Vielen Eine! —
Du wendest dich ab.
Ich weiß es, herrliches Wunder:
Mit uns Erdigen gemeinsam
Den lastenden Brodem atmest du schwer,
Wie der himmlische Hermes,
Der totengeleitende,
Atmet die Lüfte der Unterwelt.

(Nahe auf ihn zutretend:

Hippolytos!
Mit der lichthaften Stirne du,
Mit dem lauteren Augenstrahl,
Hippolytos! Höre mich!
Wie Blut aus der Wunde, quillt
Aus meiner Brust ein Wort, —
Dann hab' ich keins an dich auf Erden mehr.

Hippolytos (sie unverwandt betrachtend)

Macht in dir — welche Macht!
Mein Innerstes überfällt sie; —
Sprich es aus,
Presse nicht so zwischen den Lippen
Das drohende Wort —
Königin!

Phädra.

Wie du bist, so bleibe!
Wenn Aphrodite's feurige Geißel
Je das Blut dir peitscht —
Furchtbar, furchtbar ist ihre Geißel —:
Wehe dir! Fluch dir!
Wenn je dein Mund
An liebeflüsterndem Munde,

Wenn dein Herz
Je an geliebtem Herzen beben sollt':
Fluch dir, Fluch dir!
Wenn deine Blicke je,
Wenn deine Wünsche,
Verborgen tief,
Dir selbst geheim,
Einem Weibe,
Einem andern Weibe
Entgegenglüh'n —

(Sie tritt, stockend vor innerer Bewegung, dicht an ihn heran)

Hippolytos.

Halt ein, du Schreckliche!

Phädra.

Wie du bist, so bleib'!
Frauen gibt's, andere Frau'n:
Reiz umwebt sie, Huld umspielt sie,
Schönheit, o Schönheit!
Wehe, wenn du —
Ein Abscheu seien sie dir!
So bist du — Straton sagt's, —
Bleibe so!

Hippolytos.

Abscheu?
Frauen gibt's,
Reiz umwebt sie, Huld umspielt sie,
Schönheit, o Schönheit!
Ich sah sie, Königin!
Schmerzlich war's;
Wie ein Stachel
Stach es leise ins Herz,
Daß ich die Augen wandte,
Und von dannen ging.

Phädra.

Was sagst du? Weiter! rede!
Und dann —?
Deine Augen wandtest du, deine Schritte, —
Was frommt's?

Gewaltsam Aug' und Ohr, die Fibern alle,
Gewaltsam den zagenden Schritt,
Die abwehrenden Arme
Zwingt es zurück in die geliebte Qual!
Ins Feuer fliegt
Die gepeinigte Seele,
Sinnlos, sinnlos
Mitten ins Feuer —
Und verbrennet darin!
War's anders? Wehe, du schweigst —
Schweige mir nicht,
Deines Liebchens Namen laß mich wissen,
Deiner Liebchen Namen —

Hippolytos (unterbricht sie)

Aus deinem Mund
Das widrig-leichte Wort?
Meinen Gefährten wehrt' ich's,
Da sie so sprachen —
Und widriger noch:
H a b e n wollen sie —
Liebchen haben —

(Er schüttelt sich)

Töricht treiben sie's heut',
Derb lachen sie morgen,
Lachen der Schönheit, der Liebe —
Ich ertrug es nicht;
Vor meinen Ohren wagen sie's nicht mehr.

Phädra.

Nicht wie das ihre, ist dein Lieben;
Von deinem Lieben rede du mir.

Hippolytos.

Meinem Lieben?
Es tönt die Seele in sich selbst,
Wenn über ihr, wie eine Sonne,
Die Schönheit aufgegangen.
Was sag' ich sonst? was red' ich?
Hätten sie nie doch geredet,
All alle!

Wäre doch Schweigen
Rings um die Schönheit!

(Auf die Statue der Artemis zutretend)

Da — blick' an:
Meine Göttin!
Aus hohem Aether schwebt sie her,
Hold=unbewußt der Herrschermacht,
Heimisch in Hoheit!
Keines Mannes Gier
Wagt sich an sie, —
Keines Gottes!
Wie ich dich liebe,
Stillblickendes Mädchen,
Einzig=Göttliche du!

(Er bleibt in den Anblick des Götterbildes versunken steh'n. Phädra abseits, die Augen immer auf ihn gerichtet. Kurze Pause.)

Phädra *(vor sich hin)*

Wie ein Stachel
Sticht es leise ins Herz;
Unsichtbar verblutet das Leben. —
Mit deinem Donnerkeil
Zerschmett're mich, zürnender Gott, —
Langsam, langsam zerquäle mich nicht!

(Der Mond war aufgegangen und beglänzt nun die Statue.)

Hippolytos *(immer auf die Göttin hinblickend)*

Das ist ihr Licht!
Man sagt, sie liebt
Diesen milden nächtlichen Glanz.
Und ihre Nymphen kommen
Aus dunklem Forst,
Aus schimmernden Bächen
Rauschen sie auf, —
Ihre Glieder so leicht,
Ihr Haar so weich
Wehet der Wind dahin,
Ueber lichtweißen Wiesen
Führt er der Mädchen schwebenden Reih'n —

Phädra *(heftig)*

Hippolytos!

(Hippolytos. der wie entrückt dagestanden, wendet sich, noch halb abwesenden Blicks, zu ihr.)

Phädra.

Ich bin es — Phädra —
Kennst du mich noch?

(Sie tritt rasch zur Seite)

Schicksal, du stehst mir bei!
Daure, daure, heilender Grimm!
Ich kam, es zu enden,
Glücken wird's.

(Sie wendet sich wieder zu ihm)

Schwebe hinan, o du Beflügelter!
Gleite dahin auf den Strahlen des Lichts!
Unter dir tief — siehst du sie wohl,
Dort die Gefesselten des Abgrunds,
Von unsichtbarem Feuer
Alle Glieder geschüttelt in Qual?
Wie sie ringen,
Aufwärts, aufwärts
Aechzend ringen!
Wahnsinnige — seh'n sie es doch:
An ihren Füßen
Wuchtende Felsen!
Aber hinan, himmel=hinan
Lockt sie das gaukelnde Traumbild: R u h' —
Freue dich!
Weißt du nun, wie dich die Götter geliebt?
Ihrer eigenen höchsten Lust
Reichliches Teil gaben sie dir:
Ueber knirschendem Elend hoch
Lächelnd zu schweben, —
Daß du dich doppelt
Deines unstörbaren
Friedens erfreust!

Hippolytos.

Mit dem brennenden Blick, mit dem dunklen Wort,
Wie du die Brust mir bewegst!
Mit dem zuckenden Mund, mit der Stimme Hohn
Den Frieden schiltst du mir aus?

(Zur Statue hintretend)

Sieh' her, du Hohe: dies stille Aug',

Meinst du, es sprüht nicht Funken im Kampf?
Meinst du, es blitzt nicht Tod?
Hier der Bogen, — hier der Köcher —:
Ueber den Wipfeln weht sie heran,
Eilend zu ihrem Spiel;
Der Adler erblickt sie und flieht,
Es schaudern die Tiere des Walds.
In ihrer Grotte berg' ich die Waffen,
Schild und Schwert und Lanze —

(Er zieht sie hervor und reicht sie Phädra)

Da nimm — hebst du sie schwer?

(Sie hat den Schild in die eine, die Lanze in die andere Hand genommen; er, das
Schwert in der Rechten, zieht nun noch einen Helm aus der Höhle und hält ihn
über ihr.)

Wohl herrlich im ehernen Schmuck
Erglänzte dein Haupt,
Und gewappnet deine Gestalt! —
Feinde bedarf der Tapfre,
Für Feinde hat mir die Göttin gesorgt:
Wilde Tiere, wilde Männer,
Längs der Mark weit und breit
Volk und Fürsten ungefüg;
Kein Friede mit ihnen zu halten,
Räuberisch stürmen sie ein;
Was der Abend bringt, weiß nicht der Morgen, —
Unter den Waffen halt' ich die Freunde,
Wacker sind sie und fröhlich im Kampf.
Und lange nicht währt's: den Besten setz' ich
Zum Führer an meiner Statt,
Aber ich — mit kleiner Schar
Hinaus auf die See! Nicht alle die Inseln
Hat der Vater mir weggewonnen!
Auf die See, auf die See, wo nicht Männer allein,
Wo zu Feinden werden die Lüfte selbst,
Und das Schiff selber ein Kämpfer ist!

Phädra (die Waffen weglegend, heftig vor sich hin)
Nicht länger trag' ich's.

Hippolytos.
Was trägst du so schwer?

Phädra.

Eines Feindes entsann ich mich auch:
Mit ihm rang ich Tag' und Nächte;
Nicht sah ich ihn selbst,
Mit den Armen
Faßt' ich ihn nicht, —
Sein Traumbild nur,
Peinigend stand es vor mir.
Da rafft' ich mich auf, —
Ihn suchen wollt' ich,
Aug' in Auge kämpfen mit ihm,
Ihn niederringen —

Hippolytos.
Herrin, gelang's?

Phädra.

Es gelang nicht —
Ja, es gelang,
Es muß gelingen!

Hippolytos.
Wer ist es? rede! Laß ihn mir!

Phädra (matt auflachend)

Lassen — da liegt's!
Niemand will ich ihn lassen. —
Nichts mehr von ihm!

(Näher zu Hippolytos):

Tu', wie du sagst! Tu' es, und eilig!
Auf die See, auf die See!
Vernimm — ich will es von dir.
Sammle die Heerschar —
Um die Mark sorge du nicht:
Straton kam mit den Seinen. —
Auf die See! Geh' hin!
Auf der See ist Theseus;
Meinen Vater bezwang er, Kreta's Herrn,
All die Eilande so
Will er bezwingen.
Wider ihn toben die Menschen,
Die Götter reizt sein Uebermut;

Denn seine Liebste, die einzige ihm,
Ist die Gefahr:
Wo ein Abenteuer
Den Tod verheißt,
Stürzt er sich höhnend darein, —
Ihm kämpfen zur Seite dienende Krieger:
Wo ist sein streitbarer Sohn?

Hippolytos.
Zu Theseus! zu Theseus!
Herrliche du, wie mahnst du mich recht —!

Phädra.
Auf die See!
Straton weist dir den Weg.
Wie du aufbebst!
In den Augen Entzückung!
Recht so — was hielte dich hier?

Hippolytos.
Mächtig nannte dich Straton,
Wohl sprach er wahr —
Du bist meines Vaters Gemahl!

Phädra.
Ich bin es — bin es.
Morgen sammle die Heerschar —!
Heute noch —

Hippolytos (sie entzückt anblickend)
Herrin! — Phädra!

Phädra.
Geh'!
Schützen die Götter dich!

Hippolytos —! (Hippolytos wendet sich zum Abgehen)

(Er tritt zu ihr; sie winkt rasch mit der Hand, ohne ihn anzusehen)
Nichts mehr hab' ich zu sagen.
Nimm keinen Abschied mehr. — Geh'!

Hippolytos (die Arme ausbreitend)
Leb' wohl.

(Er geht ab. B e r e n i k e stürzt eilig herein.)

Berenike.
Was tust du? Königin! Ruf' ihn zurück!

7

Phädra.

Du hast vernommen —

Ungeduldig

Trieb mich die Sorge —
Königin, was hast du getan?
Dazu, dazu bist du gekommen!
Denk' ich des Morgens, —
O nach welcher Nacht! —
Enden muß es, riefst du;
Und in Fröhlichkeit
Und in Hurtigkeit
Bereitet' ich die Fahrt. —
Wehe, wehe, enden wird es,
Enden in Jammer und Tod!

Phädra.

Leben werd' ich,
Bluten und leben.
Geglückt ist's!
Schicksal, habe Dank —
Unselig wolltest du mich sehen,
Erniedrigt nicht.

Berenike.

Was das Schicksal will, ist uns verhüllt.
Was ich will, weiß ich wohl.
Sei du nur selig und lebe!
Liebesglück — fühlst du erst das,
Die Erniedrigung tut dann nicht viel.
Schön ist Hoheit anzuschau'n,
Eines Weibes Sehnsucht
Hat sie noch nicht gestillt.

Phädra.

Keine Sehnsucht —
Ersticken werd' ich sie.

Berenike.

Trüge dich nur, —
Nicht trügen läßt sich,
Wer sah, was ich sah:

98

Auf deinen Wangen
Die rollenden Tränen,
Auf deinem Lager
Die wilde Zerstörung —
Wie du aufstandst,
Bleich und schaudernd
In der Nächte Grau'n,
Wie du schrittest
Auf und nieder,
Bis der Morgen kam.

Phädra.

Sein Traumbild war's;
Mit ihres Mondes Schimmer
Umwob ihn seine Artemis:
Sie war's, die Verhaßte!

Berenike.

Hat Mondeszauber dir's angetan,
Dawider hilft nur ein Gewächs:
Alles Leid ist dahin,
So wie du's gepflückt,
Bei Vollmond, bei Neumond ist es bewährt —

Phädra.

Was meinst du doch?

Berenike.

Kind, o du Kind!
Wenn den Unhold der Schmerzensnacht,
Wenn des Geliebten Traumgebild
Er, der Geliebte selbst verscheucht —
Kommend zwischen den dunklen Bäumen,
Zwischen den Säulen, näher — eilig,
Beflügelt, — in der Nacht des Glücks —

Phädra.

Schamlos sprichst du —
(Sie wendet sich ab und drückt zitternd das Gesicht in die Hände.)

Berenike.

Der Wonne Anhauch überrieselt,
Wie bebende Furcht, deinen Leib —
Wehe! wie du ihn liebst!

Um dein Leben bang' ich,
Undankbare!
Keine Scham hält mich,
Dich zu retten.

Phädra.

Retten! Spottest du?
In dieser Nacht — einen Augenblick
Freundlich strahlte sein Auge mich an,
Beim Namen nannt' er mich, —
Einen Augenblick, — fühlt' ich's doch! —
Umatmete begeistert
Seine Seele mich —
O liebkosend fast!

(Auftlagend)

Jauchzend ging er von dannen!
Auf die See — auf die See —!
Jauchzend ging er von mir!

Berenike.

Alt bin ich nicht, doch wohlerfahren:
Glaub' es nur.
Ueberreife Früchte,
Dem Verderben nah,
Fallen selbst vom Baum, —
Die frischgezeitigten
Niederzuschütteln,
Bedarf es Kraft, — nicht mehr.

Phädra.

Schweige! schweige!

Berenike.

Schüttle! schüttle!

Phädra.

Nichts weiter! — ich will nicht, nein!
Und könnt' ich auch — ich will nicht! —
Wie du bist, so bleibe!
Lieb' ich dich nicht, wie du bist?
Wärest du mein, wärest du ich:
Süßes Gebild,
Liebt' ich dich noch?

(Da Berenike sprechen will, abwehrend:)

Schweige! schweige! —
Es ist geglückt;
Es soll geglückt sein — es ist.
Wär' nur Theseus zurück!
Kann sie nicht wiederkommen, die Zeit,
Da sie in Vaters Hause
Den mächtigen Mann priesen, den Feind, —
Da ich im Herzen
Heimlich dachte:
Säh' ich doch Theseus?

Berenike.

Das ist schon lange her.

Phädra.

Aller Frauen Augen
Flogen ihm nach, —
Meiner Schwester Augen, Ariadne's.
Gegen den eigenen Vater
Half sie ihm in gewaltiger Not,
Folgt' ihm aufs Meer, — ihr Schicksal
Ward der fremde Mann.

Berenike.

Das ist schon lange, lange her.

Phädra.

Antiope, der Amazonen Fürstin,
Um ihn verriet sie ihr eigen Volk,
Um ihn focht sie, mit ihm
Wider die wehrhaften Frau'n, —
Von ihrer Wut fiel sie, um ihn —

Berenike.

Das ist schon lange, lange, lange her.

Phädra.

Es muß sein —

(Sie wankt und stützt sich auf einen Felsen.)

Berenike.

Herrin, wie bleich du bist!

Phädra (heftig ausbrechend und über den Felsen hinsinkend)

Er ging von mir!
Jauchzend, jauchzend ging er von mir!

Berenike (um sie bemüht)

Königin! Phädra!
Richte dich auf!
Ich will ihn rufen,
Ich will ihn halten —

Phädra.

Nein — nein —

(Sie richtet sich auf und macht sich von Berenike los.)

Berenike.

Nicht heute — morgen!
Laß mich gewähren;
Erjagen muß ich,
Kost' es mein Leben,
Niederjagen das entsetzliche Wild, —
Er darf nicht zieh'n!

Phädra.

Er soll!

Berenike.

Er darf nicht, sag' ich —

Phädra.

Ich will es.
Und blieb' er auch, ich bleibe nicht, —
Und käm' er auch selbst —

Berenike.

Laß ihn nur kommen!

Phädra.

Hinweg! Nicht deine Stimme ertrag' ich,
Nicht deine Worte —!

Berenike.

Laß mich gewähren!

Phädra.

Bei meinem Zorn — hinweg!

(Berenike ab.)

Phädra (sich auf den Felsen niederlassend)

Sieg! Errungen hab' ich dich:
Entrissen wirst du mir nicht.

(Sie lehnt sich zurück, schließt, während des Folgenden, immer leiser sprechend, die
Augen. Sanftes Wehen von allen Seiten.)

Müde — müde. Und wohlig doch.
Lange schon kannt' ich's nicht.

Ist es wohl Schlummer,
Was sich so sanft herniedersenkt?
Er zieht dahin — ich seh' ihn nicht mehr —
Schlummer senkt sich hernieder,
Friedlich wird alles und still.

(Sie entschläft.)

(Stärkeres Wehen. In Wald und Gesträuch, auf den Felsen, der Klippe, und auf der
Meerflut selbst bis tief in den Hintergrund zucken Flammen auf, so daß zum Schluß die
ganze Bühne fast wie in Feuer gehüllt erscheint.)

Groten (überallher anschwärmend, unsichtbar).

Erster Halbchor: ältere Genien (bald einzeln, bald zu Vielen)
Das ist die Nacht! Umatmet das Laub,
Hauchet dahin über Felsen und Flut.
Das ist die Nacht, da die uranfängliche
Mutter erschien.

Von ihren Lippen nahmen wir Feuer, —
Glühe, wie einstmals, Wasser und Land,
Als Aphrodite, die trauteste Mutter,
Aufgerauscht.

Zweiter Halbchor: jüngere Genien (wie oben)
Kommt, sie zu suchen! Segenatmend
Von Insel zu Insel
Ueber die Meerflut wandelt sie heut'.
Kommt, wir bringen ihr liebliche Beute,
Leicht gewonnen, mühsam geschleppt,
Ungebührlich schweren Gewichts.

Einer.
Zusammen trieben wir sie,
Die großen Unsterblichen,
Paarweis, —
Wachen sie auf, werden sie suchen
Jeder das Seine, Alle umsonst —

Einzelne Stimmen (rasch nacheinander)
Hera den Goldreif —
　　　　　　　Ares den Kriegshelm —
Herakles die knotige Keule —
Bakchos die Schale,
Lässig entsunken aus trunkener Hand —

Seinen Dreizack der graue Meergott —
Seinen Bogen Phöbos Apollon —
Hermes, der Dieb, die geflügelten Schuhe,
Kühn von den Füßen stahlen wir sie —
Selber Hephästos seinen Hammer,
Den unerträglichen Schmiede=Hammer —

Der gesamte Halbchor

Alle so! alle so! alle umsonst!

Einer.

Schweiget in Ehrfurcht. An Hera's Busen
Schlief der Alte, der Göttervater:
Seinen Donnerkeil nahmen wir weg —

Stimmen aus den beiden Halbchören.

Nicht verwettern wird er die Nacht uns!
Schelten sie alle, wenn sie erwachen,
Lächelt der Alte —:
Aphroditen ist er nicht gram.

(Alle entschweben unter leisem Lachen. Die Flammen verschwinden. Phädra erwacht.)

Phädra.

Hippolytos —

Was lacht da — und kichert —
Und rauscht hinweg?

Hippolytos!
Bist du nicht hier?
Was ist gescheh'n?
Wo war ich?
Wer bin ich?
War er nicht da — bei mir?
Und klang nicht in sein Liebeswort
Ein fröhlicher Sang
Von Aphrodite's Macht?

(Sie steht auf und erblickt die im Mondlicht hell glänzende Statue der Aphrodite.)

Traum — Traum —! Ha, du —

(Näher gegen die Statue)

Du hast mich gehöhnt!
Deine Macht verherrlichten sie, —
Ich aber spotte deiner Macht!
Wach bin ich nun,

104

Und spotte dein — und trotze dir!
Er zieht dahin, — ich war's, die ihn entsandt:
So bleib' es!
Was lächelst du?
Zerschlagen will ich dich, du kalter Stein!
Weh' mir, es regt sich —

(Immer mehr zurückweichend)

Entsetzliche!
Grinse mich nicht so hohnvoll an!

(Sie stößt auf den an den Felsen gelehnten Schild des Hippolytos, ergreift ihn und stürzt auf das Götterbild zu.)

Ich sage dir —
Ich ehre nichts auf Erden mehr
Oder im Himmel!

(Sie hat sich mit dem Schild auf die Statue geworfen und sie zerschmettert. Langes, gewaltiges Dröhnen in der Höhe.)

Aphrodite (aus der Höhe, unsichtbar)

Phädra! Phädra!

(Phädra tritt zurück, läßt den Schild fallen und steht, wie versteinert, da.)

Aphrodite.

Sei ohne Furcht!
Gnädig bin ich dir.
Marmor magst du zerbrechen,
Aphroditen zerbrichst du nicht.
Aus meinen Höhen
Seh' ich dich,
Wie du in Schrecken starrst; —
Schreckten dich
Die dröhnenden Lüfte so?
Durch die Räume des Himmels fuhr ich,
Zwei Sperlinge zogen den Wagen;
Die Sperlinge sind schuld,
Daß so die Lüfte gedröhnt.

Phädra.

Zum Gelächter dien' ich der Grausamen,
Und ihr lausch' ich in Wonnen!

Aphrodite.

Phädra, gnädig bin ich dir:
Hast du keinen Wunsch an mich?

(Phädra zuckt zusammen und schweigt.)

Was sinnst du? Was säumst du?
Hast du keinen Wunsch an mich?

(Phädra schweigt.)

Deines Herzens Wünschen hör' ich,
Wortlos tönt es herauf —
Wie du mich heiß bedrängst! — —
Unselige!
Mächtig sind wir, allmächtig nicht.

(Phädra, am ganzen Leib erbebend, richtet sich gewaltsam auf, immer in Schweigen
verharrend.)

Phädra, Phädra!
Furchtbar dein Aufschrei! —
In den reinsten Aether,
Heil dir zu finden,
Lang' ich empor.
Phädra, gnädig bin ich dir:
Ueber dich aus hohem Himmel
Träufeln will ich
Heilenden Tau:
Vergessenheit —
Den du liebst,
Hast du niemals geseh'n,
Ruhig das Herz,
Ewig verstummt.

Phädra.

Halt' ein!
Kaltes Grau'n faßt mich an —
Töte mich, Göttin,
Mein Leib und mein Lieben töte mir nicht!

(Sie steht eine Weile, horchend und ausblickend, da.

Wo bist du? Schweigen und Dunkel —

(Plötzlich beide Arme weit ausbreitend

Aphrodite, bist du mir gnädig,
Teile noch einmal die Wolken des Himmels,
Neige dich nieder zu mir!
Wenn ich geschwiegen, wenn ich getrotzt,
Wenn ich gefrevelt —: strafe mich nicht!
Muß ich das Glück,
Das ersehnte, sühnen,

Zweiter Akt

Meine Sühnung hab' ich bezahlt:
Ausgeschöpft hab' ich
Menschlichen Leidens Maß —

(Sie stürzt vor dem Altar auf die Kniee.)

Sieh auf mich nieder! sieh mich im Staub —
Gib mir ihn! gib mir ihn!

(Aufhorchend)

Aphrodite, sprichst du nicht mehr?

(Kurzes Schweigen, dann erhebt sie sich rasch):

Mögen sie's wollen, mögen sie's wehren,
Menschen und Götter:
Seine Arme um mich!
Einmal —
Dann fahr' Alles dahin!

Zweiter Akt.

Halle im Königspalast. Eingänge zur Rechten und zur Linken. Vorne links Tisch und
Stühle. Waffen an den Wänden. In der Ecke rechts eine Spindel. — Morgen.
(Leontes, Xanthos, junge Krieger, alle bewaffnet.)

Xanthos.

Nun denn, Leontes,
Sage, was säumt er noch?
Alles bereit:
Schild und Schwert, Arm und Brust,
Im Hafen das harrende Schiff —
Segel auf, Segel auf!

Leontes.

Getrost! Zur Heerfahrt drängt
Keiner doch, wie er.
Die Sonne ging auf:
Schon stand er auf dem Söller;
Es wallte die See, — in die Ferne wallte
Mit ihr der sinnende Geist.
Dem Licht entgegen blitzte sein Antlitz,
Die Arme öffnet' er weit, —
Einem Adler glich er,

Auf hohem Fels die Flügel lüftend,
Aufzufliegen zum Raub.

Xanthos und **Krieger** (einzeln und zusammen)

Mit dir, junger Aar!
Hippolytos, Hippolytos!
Hell deine Flügel, rein,
Wie im lauteren Licht erglänzend
Des hohen Olympos Schnee!

Leontes.

Und seltsam abgerissen
Entfuhr ihm Wort um Wort,
Namen, viele, — der Inseln Namen,
Der unbezwungenen,
Weithin bis an Afia's Strand, —
Und weiter liegen
Oestlich ferne, dunkle Reiche,
Grenzenlos, namenlos:
Dahin, dahin — schauen! gewinnen!
Von den Lippen
Flogen ihm leise die Laute,
Hurtig schwang er die Arme hoch,
Eine Welt mit Händen zu fassen.
Nun aber langsam, langsam senkt' er sie,
Vor sich hinblickend, fest, gerad',
Wie staunend schlossen sich die Augen auf,
Glanzvoll, — daß, mitgezogen,
Ueber den Wellen suchte mein Blick,
Ob ein Gebild, ein seliges, dort schwebe,
Eine Göttin,
Ueber dem schimmernden Spiegel
Siegverkündend.

Xanthos und **Krieger** (wie oben)

Um ihn weben in weißem Gewölk
Der Lüfte Huldinnen, zart bewegt, —
Oder war es Artemis selbst?
In der Jungfrau heiliger Hut
Wuchs er auf —
Sie war's, die ihm erschien.

108

Leontes.

„Und hab' ich die Welt,
Zu ihren Füßen liege sie!"
So rief er.

„Ausgesandt hat sie mich,
Mit starker Beschwörung
Mein Innerstes gebannt,
Die Zauberin:
Wie du bist, so bleibe!
Bleiben will ich, wie du mich willst!
Dein, was ich vollende!
Was ich habe, was ich bin,
Dein, du gewaltsam Herzbezwingende,
Meine Königin du!"

Xanthos und **Krieger** (wie oben)

Ausgesandt hat ihn
Der Unsterblichen eine, —
Und führt' er uns selbst in Hades' Haus,
Die entschwundenen Schatten zu rauben:
Mit ihm! mit dir,
Hippolytos! Hippolytos!
Trage der Wind
An fernste Ufer den Ruf, —
Trag' er das trunkene Schiff, —
Vor dem Schiff,
Weißgefiederten Möven gleich,
Schweben uns segnende Götter voran!
(Alle ab.)

Berenike (hinter der Szene)

Erbarmen, Herr!

Hippolytos
(sein bloßes Schwert in der Rechten, zieht mit der Linken Berenike herein.)
Du logst — es kann nicht sein!
Es ist nicht wahr. Sag', daß du logst!

Berenike.
Und sag' ich's,
Wirst du mich töten darum, weil ich log.

Hippolytos (ergrimmt)
So logst du denn!

Berenike.

Herr, laß mich leben!
Dann will ich lügen, wie dir's nur beliebt.
O steck' dein Schwert ein!

Hippolytos.

Sag', warum du logst.
So Furchtbares — Ist's möglich? Sag', warum —?

Berenike.

Warum? Steck' nur dein Schwert ein! Kann ich reden
Bei so viel Furcht?

Hippolytos (versorgt sein Schwert)

Nun denn — und rede wahr.
Sie hat dich nicht gesendet.

Berenike.

Nein, ach nein.

Hippolytos.

Ihr Götter, Dank! Warum doch sagtest du's?

Berenike.

Sagt' ich's? Ich log. Herr, dies ist Wahrheit, — diesmal
Ist's wirklich Wahrheit, daß ich wirklich log.
(Leise, vertraulich)
Ich wollt' es fördern.

Hippolytos (sie starr anblickend)

Was —?
(Er fährt plötzlich auf und faßt sie an der Kehle)

So kam's aus dir?
Nichtswürdige!

Berenike.

Aus mir — was würgst du mich?
Bin ich in dich verliebt, daß du mich würgst?

Hippolytos.

Du bleibst dabei?

Berenike.

Wobei? Ach nein, —
Am Leben will ich bleiben, sonst bei nichts.
(Hippolytos läßt sie los und betrachtet sie unsicher.)

Berenike.

Ich dachte nicht, daß du's so nehmen wirst.
Was wär' es denn? Ein Weib, so schön, so jung,
So liebend, — o wie liebend!
Und du — ein Mann, so jung, so schön, wie schön!
Solch eine Frucht, so süß, so frisch —

         Und hier
So heimlich alles, wie in tiefem Turm,
Wie wenn's die Götter selber so gefügt, —
Gewiß, sie haben es —

Hippolytos (der ihr sprachlos vor Staunen zugehört)
      Du wagst es! nochmals —!
Vom ersten Wort noch bin ich
Wie taub, wie blind, — vor meinen Augen Dunkel —:
Wie war es? Phädra, sagtest du,
Sie, meines Vaters Gattin, sie begehrt — —
Erlogen war's; du sagst es. Doch wozu?
Seh' ich dich an, bedenk' ich deine Reden:
Ich weiß nicht mehr, was wahr an dir, was falsch.
So Ungeheures hättest du erdacht?
Du —?

Berenike.

   Herr, das kränkt mich. O! erdenken kann ich,
Was du nicht ahnst. Es gibt noch schlimm're Dinge,
Die ich erdenken kann. Und nun gar hier —
Langweile, Herr! — O meine arme Herrin!
Wärst du doch nie hierhergekommen! nie
Zu ihm — zu diesem —

Hippolytos.

    Wie — sie kam zu mir?

Berenike.

Was blickst du mich so an? Ich sage nichts.
Du wolltest, daß ich lüge, also lüg' ich.
Grausamer, Harter, wüßtest du,
Wie sie — was sie — Das Herz drückt es mir ab!

Hippolytos.

Mir aus den Augen, — schnell!
    (Sie an der Schulter fassend)

Und höre:
Sag' Niemand — hörst du? — Niemand, nie und nirgends,
Sag' nichts davon! Ob falsch, ob wahr —
Nein, nein, nicht wahr — — sag' nichts davon,
Wenn dir dein Leben lieb ist. Schweigen sollst du, —
Ich will es auch — vor Allen, vor mir selbst;
Auch du — vor dir! Nicht denken sollst du's mehr,
Sonst läuft dir's aus dem Mund —

Berenike.

Weh mir, weh mir —
Wenn man, — wenn Theseus — schweige du nur, Herr!
Um ihretwillen —! Arme, arme Herrin,
Wenn sie noch gar —! Wär' ich doch lieber tot,
Nur treffe sie kein Schaden —

Hippolytos (in heftigstem Grimm)
Sie?

Was könnt' sie treffen?

Berenike.
Schone, schone sie!

Hippolytos.
So wär' es wahr?

Berenike.
Erlogen Alles, Alles —

Hippolytos.
Hinweg, und sprich nichts mehr!

Berenike (im Abgehen zurückgewendet)
O schone sie!
(Ab nach der rechten Seite.)

Hippolytos (den Kopf an eine Säule lehnend, schmerzvoll)
Wär's wirklich Wahrheit? Phädra, Phädra, Phädra!
(Phädra, die, von der Linken aufgetreten, die letzten zwischen Berenike und Hippolytos gewechselten Reden ungesehen angehört hatte, tritt nun langsam auf den abgewendet dastehenden Hippolytos zu.)

Phädra.
Ja, es ist Wahrheit — und du weißt sie nun.
(Näher)
Und du willst Gnade üben; schonen willst du.
Du sollst nicht schonen. Hüte dich, zu schonen!
(Hippolytos verharrt in seiner Stellung und schweigt.)

112

Phädra (nach kurzer Pause)

Blickst du nicht her?

Du schämst dich — du!
Es wendet der Sonnenjüngling
Von Unreinem die goldenen Augen, —
Der Tor! was tut es ihm?
Er wandelt droben!
Bist du befleckt? Ich bin befleckt, nicht du —
(Wild ausbrechend)
Blick' her!

Ha, du! Ich hasse dich!
Auf diesen Leib setz' deinen Fuß! Zertritt ihn, —
Doch sieh mich an —!
Nimm dich in acht!
Du weißt noch nicht, was ich vermag —!

Hippolytos
(aufblickend, ohne sich umzuwenden, — wie von einer fernen Erscheinung angezogen)

Sie war es! leibhaft sah ich's —
Phädra —
Prangend im Glanze des Aufgangs, —
Zu ihren Füßen,
Wie gebändigter Tiere Kraft,
Die gesträubten Wellen, schmiegsam verrinnend.
Sei rein! sei kühn! Auf ihren Lippen
Schweben sah ich die Worte,
Drohend geboten die Herrscheraugen,
Und war doch süße Huld darin.
Lichtfunken rosig im mächtigen Haar,
Kein Kind der Erde mehr! — O Weib —
Alle Frauen geheiligt in dir,
Alle Gedanken, wie flügelschlagende Vögel,
Schwärmten dir zu —!

Phädra (verzweiflungsvoll)
Schützt mich, ihr ewigen Mächte!
(Zu ihm hinstürzend)
Höre, höre — ich flehe dich an —
Wahnsinn, ich weiß es, Wahnsinn umlauert mich,
Aus dem Winkel dort, — aus dem Winkel da —

Rings um und um lauert er mir auf —:
Vor Wahnsinn rette mich!

O blick' mich an —
(Sie fällt vor ihm nieder)
Aus den Tiefen unendlichen Jammers
Zu meinem Gotte fleh' ich — zu dir!

Hippolytos (unwillkürlich wegtretend)
Was willst du?

Phädra (in grimmigem Schmerz)
Tritt nicht von mir weg!
(sich verwirrt an die Stirne greifend)
Was ich will — was ich will —
Warum tratst du weg?
Es bleibt kein Flecken,
Wenn ich dein Kleid berühre, —
Wenn ich den Mund hier drücke
Auf deines Kleides Saum —
(Sie tut es.)

Hippolytos.
Laß mich — steh' auf!

Phädra (bebend, fast unhörbar)
Geliebter — Geliebter —

Hippolytos.
Wie du schauerst —
Schauer in mir —
Was murmelst du da?

Phädra (laut, die Arme ausbreitend)
Geliebter! Endlos, endlos Geliebter!

Hippolytos (fährt heftig zusammen)
Wirbelnde Rauchwolken um dich —
Schwerer Duft! —
Vor meinen Sinnen
Versinkt das Licht, —
Fort, fort — bist du noch da?
Greuel! wer ist bei mir?

Phädra (rafft sich auf und drückt ihn gewaltsam an sich)
An deiner Brust dein Weib!

Hippolytos (stößt sie von sich)

Haß dir! grimmigen, ewigen Haß!
Fort! — wo ist mein Schwert?

Phädra.

Lachen, grimmiges, ewiges Lachen
Deinem Schwert!
Lachen, grimmiges, ewiges Lachen
Deinem Haß!
Hassest du mich? drohst du mir Tod?
Und ich weiß es und hab' es gefühlt:
Liebe, Liebe dein funkelnder Haß!
Und du wiss' es und fühl' es nur:
Jubel, Jubel in meiner Brust!
Ziehe dein Schwert! Aus diesem Busen
Löse den stürzenden Quell, —
Aus dieser qualvoll drängenden Enge
Löse das zornig schäumende Leben,
Denn ich halt' es nicht mehr!

Hippolytos.

Im eig'nen Herzen netz' ich dies Schwert,
Könnt' es in Liebe — — Grau'n, Grau'n!
Und die Stirne hebst du zu mir?
Und redest von mir das Wort?
Schändliche, mag' es nicht mehr!

Phädra.

Liebe, Liebe — weißt du's noch nicht?
Und deine Fibern hör' ich's sagen,
Und deine Seele hör' ich's singen:
Ich liebe dich! ich liebe dich!
Hörst du es nicht?
Wenn du es hören wirst, wenn du es wissen wirst —
Jammer und Jubel heut' in mir —
Dann aber, dann! Ha, mein Hippolytos,
Ich und du!
Meine Stirne werde ich heben,
Jubel, Jubel! im reinsten Himmel
Halten wir Hochzeit, du reinster Mann!

Hippolytos.

Trunkene du! vom Frevel berauscht!
Wahnbesessene!
Schreckhaft schlägt dein Auge sich auf, —
Wie verhüllte Aschenglut,
Hochaufzüngelnd im Wind,
Flackert's hervor —
Haß, nicht Liebe!
Was lügst du?
Liebe, greu'lvolle, unausdenkbare,
Lügt dein schändlicher Mund,
Und aus dem Innern zuckt
Irre Wut, Haß und Hohn —
Was willst du mir?
Was birgt dein tückisches Lächeln?
Auf deiner Stirn
Wie schweigsam nahenden Wetters Gewölk —
Dämon! Dämon!
Drohe mir nicht!
In der reinsten Göttin Schutz
Steht mir Leben und Heil.
Bist du gekommen,
Einzustürmen in's Heiligtum,
Deß' Pforte bewacht
Der Götter Gesetz
Und der Sterblichen Scheu, —
Bist du der Frevelgewaltigen Einer,
Der gottverhaßten Titanen:
Hinab, hinab,
Woher du entronnen!
In deinen Abgrund zurück!

Phädra.

Kennst du mich nun?
Kennst du mich wohl?
Vorbotin bin ich
Des höllischen Heers,
Stimme der Tiefe bin ich —
Die erste, die letzte nicht.

116

Sie werden kommen!
Kommen, die ihr nicht gerne nennt,
Die Begrabenen,
Die Feueratmenden
Des Tartaros!
Selig in der Sonne
Wohligem Dunstkreis
Deine Olympischen!
Abgemessen haben sie,
Wie ihrer Halle Säulen und Gebälk,
Die Ordnungen des Herrscherreichs, —
Niedergeblitzt
Der Erdmutter unbändige Brut,
Der urgebor'nen Riesen
Größe gestraft!
Eingestoßen in den Grund der Erde
Die gewaltigen Leiber,
Ihres Weltbau's Vesten, —
Eingerammt in die mächtigen Rücken
Die ragenden Pfeiler
Ihres Tempels!
(Sie stampft heftig auf die Erde)
Werfet ab! werfet ab!
Ihr grimmig Duldenden,
Ihr dumpf Sinnenden,
Springet auf! werfet ab! —
Ha! die erdonnernde Erde!
Geborsten, geborsten!
Aus den Wolken stürzen zurück
Ihres Leibes
Aufgehüpfte felsige Glieder —
In ihrem Flammenschlund
Pfeiler und Säulen und Dach und Gebälk —
Feuer im Himmel! — —
Hinan! hinan!
Berg auf Berg
Aufgetürmt,
Und hinan! —

Stürzet sie!
Kopfabwärts!
Ha, durch die brennenden Lüfte
Wie sie irren,
Von einander, zu einander, —
Seine Blitze prüft
Vor der letzten Schlacht
Der Oberste der Zwingherrn, —
Nicht olympisch flucht in den Aether
Die Ehewächterin Hera, —
Von Sinnen ist Artemis,
Am wulstigsten Satyr entbrennt
Ihr gefrorenes Blut —!

Hippolytos.
Schweig’, du Rasende!
Sollst du ungestraft lästern,
Was nur sonnenhaft ragt
Ueber den Sterblichen?
Wider meines Vaters Gattin
Hebe ich nicht die Hand,
Auf den schamlosen Mund sie zu schlagen!

Phädra (zurücktretend, totenbleich, mit zuckenden Lippen)
Schamlos — schlagen —
(Sie steht eine Weile da und blickt gesenkten Hauptes wie irr um sich; — bann aufwärts, wie in die Ferne sehend, langsam, mit innig-feierlichem Ausdruck:)
Im Glanze des Aufgangs —
Lichtrosen im Haar —

Hippolytos.
Was ergreift sie? In welche Höhen
Blickt sie entrückt hinan?

Phädra.
Alle Frauen in dir geheiligt —
(Tränen wollen ihre Stimme überwältigen; plötzlich tritt sie vor und erhebt wild
die Faust:)
Stürzet sie! Kopfabwärts!
Von ihrem ewigen Gipfel
In niederste Niederung
Schlaget sie, stampft sie hinab! —
Die Leichtatmenden!

118

Die Stillen im Herzen!
So fern von ihnen, so tief,
In der Erde tief unser Haupt,
Mit abgewandtem Antlitz
Schwebten sie über uns weg,
Beleidigt hat unser Staub
Ihren reinen Atem —

Hippolytos.

Wunderfam an die Brust,
Wie Schläge, pochen die Worte —

(Er tritt nahe zu ihr)

Phädra! —
Wenn eine Faust —
Wär's eines Gottes Faust,
Fluch über sie! —
In giftige Kluft dich gestoßen,
Daß taumelschwangerer, tötlicher Rauch
Das sonnige Haupt dir umnachtet:
Bei deiner Stirne
Herrscher-Hoheit,
Bei deiner Lippen
Gebietendem Stolz,
Bei deiner Seele
Flügelgewalt
Ruf' ich dich auf:
Du bist es! Phädra!
Deinen Schwingen gebiete du!
Und sie rauschen — und sie zerreißen
Den Giftqualm, der dich betäubt; —
Aufwärts! — Sieh, es sinken, schwinden
Nebel und Geklüft, —
Schwindet die Erde, schwinden die Wolken —
Denn der Höhe bist du erkoren!
Auf die höchste, lauterste Höhe
Trägt dich die siegende Kraft:
Reinster Hauch und klarstes Blau —
Oeffne, öffne die Seele weit!

119

Phädra (freudig lächelnd)

Und von der Stirne genommen die Schmach,
Die herzzernagende —
                              Fort mit ihr!
Nimmer ist sie, nimmer war sie —!
Im Glanze des Aufgangs, im lautersten Lichtkreis —
Beugst du mir nicht mehr das Haupt,
Furchtbares Schicksal?
Mein, mein
Der ewige Gipfel
Und der Garten der Himmlischen!
Unter mir tief,
Zu mir herauf,
Dort singt er, der strahlende Gott —
Ja, er ist's: Artemis' Bruder —
Unter mir aufblickend sein Aug',
Ueber die Wogen breitet er
Seine Arme nach mir!
Wie er mich liebt!
Aus seinem Saitenspiel
Entgegen schwingt mir
Seine dürstende Liebe —
Noch einmal, süßer Jüngling,
Deinen Gesang!

Hippolytos.

Wer redet? Wer bist du?
Wohin entführst du mich aus mir?

Phädra.

Prangend im Glanze —
Kein Kind der Erde mehr!
Siehst du mich, Süßer? und liebst du mich so?

Du sollst mich lieben! Wie du mich liebst,
So will ich sein —
Doch du sollst mich lieben!

Und in den Fibern fühl' ich dir's beben,
Und deine Seele sang es mir zu:
Ich liebe dich! ich liebe dich!

Hippolytos.

Wider mich selbst
Kehrt sie mein Innerstes;
Aufwärts, niederwärts
Getragen, geworfen,
Flutet ihr umschatteter Sinn,
Daß sich das Herz mit Abscheu füllt,
Und mit Entzückung!

(Er tritt, unwillkürlich, näher zu ihr hin.)

Phädra.

O nahe mir nicht!
O laß mich bleiben, wie du mich liebest!
Daß nicht der hohen Götter Einer komme,
Und schlage ins Antlitz die Schamlose,
Die Befleckte!

(Sie läßt plötzlich den Kopf, wie schmerzvoll nachsinnend, sinken.)

Hippolytos (ihre Hand mit beiden Händen erfassend)

Phädra!

Phädra (lächelt sanft und tritt, leise abwehrend, zurück)

Rühr' mich nicht an! Niemand — Niemand!
Wie du mich liebst, so laß mich bleiben —

(innig, ohne die Stimme zu erheben):

Jubel, Jubel, wie du mich liebst!
Alle Gedanken, wie flügelschlagende Vögel,
Schwärmen mir zu —

Berenike (rasch eintretend)

Fasse dich, Fürstin! Der König naht —:
Siegstrahlend
In seine Herrscherstadt zog er ein,
Keinen Tag ertrug er es dort,
Zu dir eilt' er —
Sie kommen! Hörst du?
Aus dem Hafen schon
Geleitet ihn fröhliches Volk.

Hippolytos.

Mein Vater!

Berenike.

Herrin! faſſe dich — ſtarre nicht ſo!
Der König kommt —

(Phädra blickt verloren bald auf ſie, bald auf Hippolytos.)

Berenike.

Dein Gatte!

Phädra (unruhig)

Wo biſt du? — Hippolytos —

(Sie umſchlingt ihn plötzlich mit Heftigkeit und drückt einen Kuß auf ſeinen Mund.)

Liebſt du mich? liebſt du mich?

Hippolytos (reißt ſich los und ringt einen Augenblick mühſam nach Faſſung)

Buhlerin!

Phädra.

Glück! Glück! In meinen Adern
Halt' ich dich, Leben!
Leben! unauslöſchlich glühendes!

Berenike (zu Hippolytos' Füßen)

Der König — weh! O ſchone ſie!

Hippolytos.

Fort! — Meines Vaters Schmach
Deckte ich auf?
Verſiegelt die Lippe,
Ewig, ewig!

(Trompeten rechts. Er wendet ſich hin, tritt aber gleich wieder zurück und bedeckt ſein Antlitz.)

Phädra (von ihm weggewendet)

Weiß ich's doch, — hör' ich's noch:
Wie du mich liebſt, wie du mir rieffſt —
Um meine Hand
Deine Hände, wärmeſtrömend —:
„Phädra!"

Berenike.

Der König — Herrin! was reißt dich fort?

Phädra.

An deinem Herzen — — laß, — o laß —
Schwören will ich dir's:
Beim gewaltigen Himmel,
O du Geliebter,
In Ewigkeit dein — dein Weib!

Hippolytos.

Nein — nicht zu ihm! nicht jetzt —
Und wann — wie könnt' ich,
Wie ihm ins Aug' sehn?

(Er entflieht nach der linken Seite.

Berenike.

Sie kommen —

Phädra.

Nahe mir nicht — rühr' mich nicht an —
Auf meinem Mund
Seine bebende Liebe —
Alle seine Gedanken
Zu mir!

(Theseus tritt von der Rechten her auf, — bleibt stehen, nach links hin ausblickend)

Theseus.

Wer flieht dort? Wer entfloh?
Hippolytos —
Ihr ewigen Götter! — Phädra!

Berenike.

Nichts, Herr, — ein Zwist —

Theseus.

Und er entfloh — vor mir —!

Phädra (ohne Theseus zu bemerken)

Rühr' mich nicht an!

Theseus.

Warum er entfloh, das will ich wissen!
Von dir wissen, — Phädra!

Phädra (wie oben)

Entfloh —
Und er wird kommen!
Nahe sein Schritt —
Nah' seiner Liebe Ruf, —
Daß die Seele zusammenschaudert
Vor der werbenden Liebe Ruf:
Phädra —!

Theseus (faßt sie an und sieht ihr ins Gesicht)

Was ist gescheh'n? Wach' auf und rede mir!

Phädra (sieht ihn mit abwesendem Blick an; dann fährt sie sich über die Stirn und klammert sich an Berenike)

Gescheh'n — Berenike —
Nimmer! nimmer! nimmer!
Buhlerin will ich nicht sein —

(Sie bricht in Berenikes Armen zusammen.)

Berenike.

Herrin, Herrin!
Sie sinkt, — sie stirbt!

Theseus.

Führ' sie hinweg. Es ist genug.

(Berenike führt Phädra nach der Linken ab.)

Theseus.

Hippolytos —!
Buhlerin will ich nicht sein —

(Er bleibt, wie betäubt, stehen. Dann rasch zum Eingang rechts hintretend)

Straton — wo ist Straton?

In die unterste Hölle
All eure Geschenke, ihr grausamen Götter!
All eure Siege und Kränze,
Und, der großen Kinder Spielzeug,
Die blanken Trophäen! —
Ruhm — Herrschaft und Ruhm!

(Die Hände vors Antlitz schlagend:)

Daß ich ein Bettler wäre an der Brücke,
Hungernd und siech und bedeckt mit Schwären,
Und sähe nicht dies!

(Er läßt sich auf einen Stuhl am Tisch nieder.)

Hippolytos!

Sind nicht die Sterne aus der Bahn?
Scheint nicht der Mond am Mittag?
Er! — eben er! — Nun, eben er!
O frische Au, voll Blumen, — welche Blumen!
Ein Feuerberg, dem sie entblüht!
Die Decke sprang, die Flamme schlug heraus,
Mit einem Schlag! — Vernichtung war der Schlag.
Straton!

Straton (tritt von der Rechten auf)

Mein König —

Theseus (bedeutet ihm, sich zu setzen. Nach einer Pause:)
Sahst du nichts —

Was sollt' ich seh'n?

Straton.

Theseus.
Hast du wohl nie bemerkt — gehört — geahnt —
Hippolytos —
Ist kein Verdacht —
Ich mein' im Volk, auch unter unsern Kriegern, —
Hämische Reden, dunkle Worte,
Geflüsterte Vermutungen,
Sei's hier, sei's in Athen —

Straton (erstaunt)
Herr, welcher Art —?

Theseus.
Nun, wenn du nichts gehört, wenn du nichts weißt, —
So weißt du nichts?

Straton.
Was meinst du, König?

Theseus.
Und auch die Andern nichts? Ei, wovon redet ihr?

Straton.
Von Waffen hier, von Waffen in Athen;
Kampf überall! Der widrigste,
Der leichte, ew'ge, hier in Argolis.
Leidige Nachbarn, Krieger halb, halb Räuber, —
Wie oft Hippolytos sie abgejagt,
Längs unf'rer Grenzen sammeln sie sich wieder.
Und eben jetzt ward mir die Botschaft:
Hoch wuchs ihr Uebermut, Genossen werben sie
In allen Landen rings, zu großem Sturm —

Theseus.
Ich will sie züchtigen. Verlaß dich drauf. —
Wie lange ist sie hier?

Straton.
Die Königin?

Seit gestern, Herr.

Theseus.

Und er — — Doch nein.
Die Nachbarn also wieder? Wohl Menestheus?

Straton.

So ist's. Der führt sie.

Theseus.

Er hält nimmer Frieden.
Er kann nicht herrschen und er kann nicht dienen,
Und will doch König sein. Und neidet mir
Herrschaft und Ruhm —!
Nun gut, ich will ihn zücht'gen. Muß ich's doch. —
Und er, Hippolytos — sag', war er oft
Bei ihr — bei euch dort in Athen?

Straton.

Herr, nie.
Du weißt ja, wie er ist.

Theseus.

Und sah nicht Phädra —?

Straton.

Nicht seit den Tagen deines Hochzeitsfestes.

Theseus.

Er hat ihr schlecht die lange Zeit vertrieben.

(Er sieht auf. Vor sich hin:)

Hier denn — mit einem Schlag.

Straton (der ebenfalls aufgestanden)

Herr, welcher Schlag?

Theseus (setzt sich und winkt ihm, sich wieder zu setzen.)

Weißt du es doch, und manche Sage meldet's — —

(Er hält inne. Kurze Pause. Dann fährt er fort:)

Es dünkt der Thron ein hochbeglückter Sitz
Dem, der nicht auf ihm thront.
Und hochgemute Söhne gibt's,
Gar ungeduldige —

Straton.

O König!
Sprichst du von deinem Sohn? Bei allen Göttern —

126

Thefeus.

Die Götter laß. — Und folchen Söhnen, Straton,
Mag's wohltun, einige Zeit umherzuirren
In fremdem Land, — zu lernen,
Was Elend ist, — zu kämpfen, — zu gewinnen,
Vielleicht ein Reich, wonach fie's fo gelüftet,
Vielleicht auch frühen Tod.

Straton.

O große Götter!

Befchworen fei —

Thefeus.

Die Götter, fag' ich, laß.
Ich will nichts von den Göttern.

Straton.

Er! O König —
Er war nicht in Athen — Hätt' er durch Boten,
Vertraute — nimmer wär' es mir entgangen.
Und auch nicht hier —! Die Krieger find dir treu,
Die Fürsten alle fremd ihm oder feindlich.
Er ist nicht fchuldig! Wie mein eigen Herz,
Kenn' ich das feine —

Thefeus.

Tor, dein eigen Herz!
Fern fei der Tag, an dem du es erkennst.

Straton.

Haft du Gewißheit? Haft du ihn gehört?
Das Land betrat'ft du kaum, und fchon ist er gerichtet!

Thefeus.

Nichts weiter! — Dinge gibt's, die nicht das Wort
Vertragen, — nicht das Licht.
Das Böfe decke zu, verfcharr' es tief:
Anfteckend ist fein Hauch, gleich wie die Leichen
Der Peftentrafften.

Hör! Laß durch den Herold
Verkünden heute hier und morgen in Athen,
Es fei in Acht und Bann Hippolytos.
Niemand, bei Strafe feines Lebens, wage

Gaſtlich zu bergen ihn, Tags oder Nachts,
Speiſ' oder Trank dem Hungernden zu bieten,
Zwieſprach' mit ihm zu pflegen.

(Er bricht ab. Straton ſenkt den Kopf und will ſich erheben.)

      Bleibe noch.

Du melde ihm als Erſtem dieſen Spruch, —
Daß er enteile, eh' der Herold ruft,
Daß ihn des Morgens junge Sonne
Nicht mehr erblicke auf der Heimat Grund.
Verkünd' ihm das —
Doch Zwieſprach' halte nicht mit ihm — auch du!
Wagt er's und redet, — ſchwerlich wagt er's wohl —
Tritt weg von ihm, und dir ſei's ungehört.
Hältſt du es anders — hör', dir ruf' ich's zu:
Ich ſchone Niemand!

Straton.

Herr, es ſoll geſcheh'n.

Theſeus.

Und ſprich mir nie mehr von Hippolytos,
Nicht ſeinen Namen nenne mehr —

(Er ſteht in plötzlicher Bewegung auf)

Straton (tritt zu ihm)

Mein hochgeliebter Herr —

Theſeus (in die Halle blickend)

So endet's denn,

Wo es begonnen. Siehſt du dieſe Halle?
Hier wuchs ich auf, — um dieſe Säule lief ich,
Ein Kind mit Kindern, — dort —

       Ganz Hellas weiß es,

Und du wohl auch, wie unter hohen Felſen
Mein Vater einſt ein mächtig Schwert gelegt:
Das Schwert ſei deſſen, der den Felſen höbe.
Niemand vermocht' es.
Ich aber hob ihn, ſechzehn Jahre alt.
Dort ſtand die Mutter, als ich's heimgebracht,
Des Vaters mächtig Schwert —
Sie ſchluchzte laut vor Glück —

Also begann hier

Die Heldenmär', mein Freund, und endet hier.
Denn was noch folgt, ist Atmen, Leben nicht. —
Laß meine Krieger kommen, Fackeln laß sie bringen,
Brand werfen in die Ecken alle vier, —
In Asche stürzen sollen diese Mauern,
Mit allem, was sie sah'n.

Ja, wack'rer Straton,

Wir wollen den Menestheus Frieden lehren,
Auch manches sonst zusammen tun, was not —
Und dennoch sag' ich dir: Zu Ende ist's,
Das Lied von Theseus ist zu Ende.
Zünde die Halle an!

(Straton ab).

Theseus (nach einer Pause)

Zu ihr! — Und welch geheimes Grauen
Lähmt meinen Schritt!

Ihr Antlitz —! nicht das ihre!

Die Augen, fremd ausblickend aus den Höhlen,
Als kennten sie die Welt nicht mehr.

Die Stolze! Königliche!
Den Kopf warf sie zurück,
Traf sie ein Laut nur, der nicht Ehrfurcht war.
Und nun —
Daß ihr die Schande nackt vors Antlitz trat,
War's dies, was so die Vesten ihres Wesens,
Die starkgefügten, so erschüttert hat?
Was sahen diese Wände —?

Ja, das war's.

Die Schmach war's, — fern erblickt, in Pfeilschußweite:
Sie trägt es schwer —

Welch ein Geschrei?

(Berenike und Phädras Frauen stürzen herein, — hinter ihnen Straton; Krieger
mit Fackeln.)

Berenike.

Weh, Unheil, Unheil!

Frauen.

Unheil über diesem Haus!

9

Theseus.

Die Königin —

Berenike.

O meine süße Herrin!

Theseus.

Was ist's mit ihr?

Berenike.

Vom hohen Söller warf sie sich ins Meer.

(Der König unterdrückt einen Aufschrei, wankt, hält sich mühsam aufrecht. Straton tritt zu ihm.)

Berenike.

Zu retten suchten wir: am Uferfelsen
Tot meine Herrin, tot!

Straton.

O König —

Theseus.

Sie trug's nicht. — Was? — Was hatte sie zu tragen? —
Nicht jetzt, mein Hirn!

(Zu Straton)

Komm an den Strand.

(Er wendet sich gegen den Ausgang und erblickt die fackeltragenden Krieger.)

Ihr bleibet hier.

(Stark und feierlich:)

Zündet die Halle an!

(Alle, außer den Kriegern, ab.)

Dritter Akt.

Waldige Bergesgegend. Links wilde, zerklüftete Felsen; weiter zurück ein bewaldeter Hügel, über den ein Weg führt. Im Hintergrund, auf kleiner Anhöhe gelegen, ein Tempel aus weißem Marmor. Rechts Auen, Felsen, Wald; ein Gebirgsbach dazwischen. Heller Tag.

Vor den Stufen des Tempels der Priester der Aphrodite.

Priester.

O mit den lichten Augen ihr Unsterblichen!
Daß ihr allein doch übtet, was nur ihr vermögt, —
In wirren Lebens Drang zu finden Schuld und Recht!

Im dunklen Hain dies weiße Totenheiligtum,
Der Mutter Aethra hat's der König einst erbaut,

Sich und den Seinen auch zur Ruhstatt vorbestimmt —:
Hier, als die Seine, ruht denn, die den Tod erkor
Um Schande — ob erlitten, ob geübt, wer sagt's?

Steht's doch und blickt mich an, der Wahrheit Bildnis — er!
Marmorn und schweigsam, wie er von uns schied und schwieg. —
Hier zog er wohl des Wegs, — still von des Grenzwalds Höh'
Sah er hinab, und weit tat sich die Fremde auf.
O Wandrer, und mit dir zog der Gefährten Lust,
Zog meine Ruh', und seine — deines Richters auch —:
Da liegt's! Die bange Frage sä' ich in sein Ohr,
Was frommt's? Den eignen Zweifel herrscht er zornig an!
Schwach brennt das Flämmchen Wahn, und fühlt dies dumpf
[das Herz,
Dann vor der Wahrheit Hauch umschanzt es ihn ergrimmt.

(Er steigt eine Felsenhöhe zur Rechten hinan und blickt aus.)

Naht er? Der Waffen Glanz, der Krieger Tritt ringsum —
Sie zieh'n hinan, verteilt: so ward im Talgeklüft
Der Feind erspäht; bald stürmt's auf ihn von allen Höh'n.
Doch nimmer überbrause Lebens Sorg' und Drang
Das Recht der heil'gen Schatten: Eh' der Kampfruf tönt,
Bringt heut', am neunten Tag, wie Treue tut der Treu',
Das Totenopfer Theseus — So verkündet ward's,
Die Menschen hörten's ruhig und die Götter auch.

Oelkrüge tragend kommen werden ihre Frau'n,
Auf den Altar ihr legen Band und Kranz und Schmuck,
Und Liebe legt des Hauptes Locke opfernd hin.
Mich aber treibt der Dämon. Heut' mit ihm, mit ihr
Die letzte Fehde wag' ich. Droh' er, wie er mag:
Mit meines Lebens armer Neige karg' ich nicht. —
Das nur — in Feuerschrift vor meinen Augen grell
Das furchtbare Umsonst: das macht vor Bitternis
Bleischwer das Herz und meine Worte flügellahm.

(Er tritt mit aufgehobnen Händen vor den Tempel)

O du in deiner Urne unter dem Altar!
Daß doch dein Selbst, ein ew'ger Funke, glühte dort,
Und bei der Götter Anruf, bei des Gatten Gruß
Schlüg' aus der Asche, aufgeweht von inn'rer Pein,

Als Flammenlohe **Phädra** — sprengend jedes Ohr
Mit lautem: Schuldig! schuldig!

(Leontes, vom Waldhügel links auftretend.)

Leontes.

Alter, hör'!

Priester.

Leontes! — Weg, wie durch die Lüfte
Seit jenem Tag — wohin, ich denk' es wohl.

Leontes.

So denkst du recht.
Mit Bitten, mit Droh'n entkommen wollt' er mir,
Mit List sogar!
Nun duldet er mich,
Und gerne, weil er muß.

Priester.

Wie lebt Hippolytos? Wie trägt er's, sag'?

Leontes.

Nicht, wie er sollte. —
Uns gaben die Götter
Zu anderem Guten
Verwünschungen, Flüche, Rachewut, —
Böse Taten auch,
Das brennende Herz zu kühlen;
Er aber —
Hör': Bereniken faßt' ich,
Eh' ich von dannen zog,
Scheu und gebückt schlich sie dahin —

Priester.

Die Wahrheit trägt sie, die schwere!
Nicht Drängen, nicht Droh'n
Löst ihr den Mund.

Leontes.

Ich faßte sie, — an der Kehle faßt' ich sie,
Was sie da redete, bracht' ich ihm:
Wie die Heuchlerin, die Höllengebor'ne,
Sich dem Entfloh'nen gewehrt, —
Wahnsinn log ihr Antlitz,
Ohnmacht und Sterben ihr Leib —

Priester (nachdenklich, vor sich hin)

Und ging hinweg — und starb.

Leontes.

Und da ich's erzählt und mit Flüchen geendet,
Ließ er das Haupt sinken und sprach —:
Sag', was —

Priester (betroffen, schnell)

Leontes.

„Laß uns schweigen vor dem Schicksal,
Und wenn die Götter richten,
Laß uns abseits steh'n".

Was sinnst du, Greis?

Priester.

Sprich weiter.

Leontes.

Leise sprach er's, tief die Stirn geneigt, —
Wär's nicht er: schuldig glaubtest du ihn.
Seltsam! — und das Seltsamste doch
Ist es noch nicht.

Priester.

Sag' alles.

Leontes.

Aus der Unterwelt
Wirbt sie um ihn —
Mit ihrer Schattenhand
Langt sie nach ihm empor.

Nacht war's. Aus tiefem Schlaf
Schüttelt' ein dumpfes Grauen mich auf, —
Und ein Hall durch den Raum,
Ein Hauch, dem Ohr kaum hörbar,
Die Brust durchdringend: Phädra!
Auf dem Lager saß er,
In den Händen das Antlitz, —
Es schauerte der ganze Leib,
Nachbebend dem verhallenden,
Dem still=gewaltsamen Seufzer.
Und nun erst mußt' ich, was die Sehnsucht sei,
Die Seele hört' ich, atmend aus der Tiefe!

Und durchs Gemach — sag' ich's? trog mich mein Ohr?
Ein Wehen vernahm ich, —
Wie einer Schreitenden Gewand.
Entsetzen griff mir ans Herz.

(Der Priester schweigt, in Sinnen versunken. Kurze Pause.)

Nun weiß ich auch, was im Licht des Tags
Seine Stirne beschattet:
Von Kämpfen spricht er, von Wanderers Müh'n, —
Denn im Dunkel müssen wir, unerkannt,
Zwischen Fremden und Feinden suchen den Weg —
Von Menestheus spricht er, von eurer Not, —
Niemals von ihr:
Aber die Sehnsucht liegt über ihm, —
Aus der Tiefe steigt die schreckliche,
Die hingestorbene Schönheit;
Und eher nicht, ich sage dir's,
Als sie hinab ihn gerissen,
Wird der blutdürstige Dämon
Ruh' finden, Ruh' gewähren!

Was sinnst du, Greis?
Weißt du nicht Bann und Zauberspruch
Wider den Unhold des Hades?

Priester (nach einer Weile)
Laß uns schweigen vor dem Schicksal,
Und wenn die Götter richten,
Laß uns abseits steh'n.

Leontes.
Aber noch waltest du, Artemis!
In seine Seele schoß,
Wie vom Bogen dein Pfeil,
Aus deinem Haupt der Feuerstrahl,
Dein Gedanke, du Retterin!

Priester.
Worauf sinnt er? auf welche Tat?

Leontes (lächelnd)
Getan, erzählt sie sich selbst.

(Er tut, als wollte er abgehen, dann kehrt er zurück)

Ein Anderes, Alter;
Durchs Waldtal gestreckt,
Alle Felsenverstecke erfüllend,
Stumm, wie die Schlange, lauert der Feind.
Ihr wißt es wohl —

Priester.

Von allen Höh'n wacht Theseus.

Leontes.

Und seine Art kennt ihr von je:
Bricht die Finsternis ein,
Stürzt er flutend über das Land —

Priester.

Ehe die Finsternis einbricht,
Stürzt Theseus über ihn.

Leontes.

Eure Wegwacht traf ich —
Menander, Xanthos —
Kampfgierig harren sie,
Ungeduldig ihre Schar:
Niemand wußte die Stunde des Kampfs.

Priester.

Den Weihegruß bringt er, noch vor der Schlacht,
An Phädra's Gruft —

Leontes.

Verbrennen will ich die Gruft!
Verbrennen *sie* zum zweiten Mal!

Priester (fortfahrend)

Ein zweites Heer, so hieß es,
Naht indes vom Norden, zur See;
Stark sind die Feinde, heiß wird die Schlacht,
Und Theseus sprach: Die letzte sei's!

Leontes (umherblickend)

Widrig weht
Aus vollen Backen der Wind;
Opfern mag er gemächlich
Sich zur Kurzweil, Phädra zur Lust:
Des Heers vom Norden harrt er umsonst.
Leb' wohl. (Will nach links abgehen.)

Priester.

Dahin? Zu den Kämpfern nicht?
Dem Geächteten nach bist du gefloh'n,
Den König fürchtest du —
Auf, fleh' ihn an!
Tu, wie du sollst!

Leontes.

Nichts hab' ich an den König.

Priester.

So gehst du denn? was suchtest du hier?
Von dort kamst du, von Menestheus' Dickicht,
Sein Lager hast du, — wehe dir! —
Zu nah' vielleicht, geseh'n.
Wie fremd du lächelst! wo ist Hippolytos?
Was euer Werk?
Willst du — will er —
Wider den König —?
Was forschtest du nach der Stunde des Kampfs?

Leontes.

Uebermut!
Den Eber im Dickicht beschleich' ich gern, —
Uebermut!
An Theseus' Schwertgriff
Streift' ich gern vorbei —
Uebermut! Jäger=Uebermut!
Noch nicht den letzten hast du vernommen —
Hilf, Jägerin!
Hilf, jungfräuliche Artemis!
Von der gruftentstiegenen Seuche
Genes' er heut',
Dich fühlend und sich!

(Er will fort.)

Priester (ihn fassend)

Halt, sag' ich —

(Krieger nahen von allen Seiten; an der Spitze einer Schar Straton.)

Priester (sie mit Staunen anblickend)

Du entkommst nicht mehr.

Dritter Akt

Leontes.

Straton auch — Was soll's?
Zum Angriff nicht! Kein Zeichen erklang —
Der König —

Priester (späht von der Anhöhe nach der Rechten hin)

Fern im Zelt die Frauen —

Leontes.

Hält er hier Rat? Des Rats bedarf er wohl.

(Theseus, der sich während der letzten Reden an der Spitze einer Heerschar genähert,
tritt nun in die Mitte.)

Theseus.

Ihr Männer, was ich sann, wird nicht gescheh'n.
Einschnüren wollt' ich wie mit starken Seilen
Den tückischen Feind und würgen ihn zu Tod.
Doch Wind und Welle, mit einander spielend,
Sie lachen ob der Menschen Zweck und Ernst.
Nicht landen heut' die Schiffe, wenn der Sturm
Nicht etwa sie in Scheitern wirft ans Land. —
Stark ist Menestheus, — ein geschwoll'ner Strom
In hundert Armen wogt er über euch;
Ihr aber, groß an Mut, an Zahl gering,
Ihr werdet, üb'rallhin verteilt, zerstäubt,
Dem Manne gleichen, der mit Macht den Fuß
Setzt in den Strom und wähnet, ihn zu hemmen, —
Und bald, von seinem Schwall dahingewälzt,
Gibt er, ein Leichnam, ihm, dem Feind, Geleit!
Wollt ihr nun flüchten in den Mauerring,
Die Stadt dort wehren: wohl gelingen mag's;
Denn unstät Volk ist's, was Menestheus führt,
Geduldig lang' zu lagern nicht gewohnt,
Unmutig, wenn ein großer Schlag mißglückt.
Doch Blut's nicht wenig heischt von euch der Sieg;
Und weicht der Feind: er wandelt, wie der Tod, —
Brandstatt die Aecker, Wüste das Gehölz,
Für Jahre, Jahre lang die Frucht nicht nur,
Die Erde selbst erstorben! — Nicht so sei's:
Auf, sendet Boten, — Fried' und Friedensglück
Gewinnt ihr leicht, — die Tore öffnet ihm!

Ich zieh' dahin, — nie seh' ich mehr die Stadt,
Erblühen wird sie unter a n d e r m Herrn:
Menestheus oder Theseus — Namen sind's.

Straton.

Willst du der Deinen Treu' erproben, König?

Krieger (durcheinander)

Was sagt er? — Sank der Mut ihm? — Ist es Hohn?

Theseus (leidenschaftlich ausbrechend)

Tut so! Ich will's — Nicht Herrscher bin ich mehr!

(Staunen und Gemurmel. — Xanthos, von einem kleinen Trupp gefolgt, kommt
eilig den Hügel zur Linken herab.)

Xanthos.

O König! Straton — Freunde!

Straton.

Was bringet ihr?

Xanthos.

Die Feinde flieh'n! —
Von den Felsen am Hohlweg
Zur Linken, zur Rechten spähten wir aus —

Die Mitgekommenen (durcheinander)

Von der Lichtung wir! — Nach allen Enden flieh'n sie —
Schreiend, in Haufen —

Straton.

Wovor —?

(Zum König:)

Laß uns hinab! verfolgen, Herr!

Leontes (hinter einem Felsvorsprung, der ihn bisher verborgen hielt, hervorstürzend)

Betrogen hat er mich! O schändlich! schändlich!

Straton und Krieger.

Leontes —

Leontes (zu Theseus eilend)

Herr und König!

Theseus.

Du!

Leontes.

Betrogen hat er mich! um diesen Tag betrogen!
Mein Leben hat er geschont! Der Schändliche —

138

Theseus (erbebend)

Dein Leben — weſſen Leben —? Deines — ſeines —
Sprich nicht von ihm — ich weiß, von wem du ſprichſt.

Straton.

Herr, heiß' ihn reden.

Leontes.

Ins Lager ſchleichen wollten wir uns,
Vor Meneſtheus treten, — erſchlagen ihn mit dem Schwert —
Dann, mit hochgeſchwungener Waffe,
Von Felſen eilend zu Felſen,
Schrecken werfen über der Feinde Haupt:
„Meneſtheus tot! Meneſtheus tot!"

Straton.

O Wagnis, ungeheuer, unerhört!

Xanthos und die **Krieger.**

Hippolytos! Er war's — Hippolytos!

Leontes.

„Käm' es, ſo ſprach er, nicht früher zum Kampf:
Im Dämmer täuſchten wir leichter die Wachen;
Erkunde die Zeit doch!" Ich Tor!
Eine Liſt war's, mich zu retten!

Theseus.

Getötet haben ſie ihn!

Straton.

Verhüten's die Götter! Laß uns hinab —

Theseus.

Sie haben Niemand getötet.
Schweigt von ihm.

Leontes, Xanthos, Krieger.

Laß uns! — Getötet — gefangen vielleicht —
Hippolytos! Kühner, Reiner!
Schütze dich Artemis!
König, laß uns hinab!

(Menander, mit einigen Begleitern, kommt von derſelben Seite.)

Menander.

Einen Mann verfolgten ſie — wenige Feinde nur —

Leontes.

Die Wachen! sie stürzten ihm nach —
Sie spürten ihn auf — kommt! kommt!

Menander.

Zu Hilfe eilten wir — umsonst.
Auf den Fersen waren sie ihm,
Von grauser Felswand
Sprang er ins Tiefe —
Wir riefen — wir spähten — klommen umher,
Wissend, daß es umsonst.

Leontes und die **Krieger.**

Ihr furchtbaren Götter! Er war's! O Tag!

Straton (zu Theseus, der wie angewurzelt dasteht)

Herr, laß uns die Leiche —

Theseus (auffahrend)

Sahst du ihn tot?

Menander.

König! im tiefsten, finstersten Abgrund —

Theseus.

Sahst du ihn da? — So schweig!
Wie eine Gazelle springt er, —
Er birgt sich, flieht, —
Jeden Spalt kennt er im Grund!
Auf den Feind! sie verfolgen ihn —
Rettet Hippolytos!

(Er eilt voran; Alle, bis auf Menander und den Priester, nach.)

Menander (zum Priester)

Er war's — vor unsern Augen sah'n wir's:
Hier ist nicht Rettung,
Nicht die Gazelle klimmt auf von dort.

Priester.

Tot — tot! O Göttin,
Dein zweites Wunder vollbringe du heut'!

(Beide folgen den Andern nach.)

(Die Szene bleibt einige Augenblicke leer. — Dann erscheint Hippolytos, zwischen
den Felsen auf der Linken, tötlich erschöpft, langsam aufklimmend. — Abenddämmerung,
später Nacht.)

Dritter Akt

Hippolytos.

Phädra! Phädra! Sprich, wo bist du?
Lange nicht mehr reicht mein Atem,
Dich zu suchen, dir zu rufen, —
Dunkel wird es —
O wie dunkel wird's um mich!

Stieg herauf vom Todesabgrund,
Durch der Unterwelt Geklüfte
Schleppt' ich diesen wunden Leib.
Als die Sinne wirbelnd schwanden,
Als das Leben schon entfloh'n war:
Wie Erinn'rung ferner Welten
Niederwehte mir dein Duft.
Bleiben wollt' ich nicht im Abgrund,
Sterben nicht im Nachtgeklüfte,
Leben wollt' ich, dich zu schau'n.

Einmal schauen und dir sagen —
Was dir sagen? Mit dir schweigen!
Ewig schweigst du, süße Schönheit,
Ewig — ewig! Wort und Rede
Gibt es nimmer, wo du bist.

Sag' wo bist du? Und wo bin ich?
Hör' mich, Phädra! Kannst du locken,
Kannst das Herz mit Sehnsucht tränken,
Atmen an der Wange mir:
Laß dich finden — sag', wo bist du?
Das ist Erde, das ist Licht —
Nicht auf Erden, nicht im Licht mehr!
Wehe — dies der weiße Tempel,
Dies die Gruft —

(Er steigt die Stufen hinan und öffnet die Tür)

Weh — ihre Gruft!
Finsternis und kalter Schauer,
Meinen Atem überdrängt es —

(Hineinrufend)

Phädra, hör' mich! Bist du hier?

(Er horcht, dann sinkt er ermattet auf der Schwelle nieder.)

Nymphenchor (unsichtbar): **Oreaden** (bald einzeln, bald zusammen)

Kommst du, Geliebter? Lange, wie lange,
Fremd und verloren und seelenfern!
Komm, komm — wo deine Felsen
Ragen ins allhinströmende Licht —
Denkst du es noch?
Lagest und trankst den Atem der Höhen,
Suchtest umher fragenden Aug's:
Wer da gekommen im strömenden Weh'n?
Wer in den Locken
Dir mit heimlichen Fingern spielt?
Wem an den Busen
Sich dein Herz entgegenhebt?
Plötzlich ruht' es —
Und dich hielt die heilige Stille —:
Denkst du es noch?

Najaden (wie oben)

Komm, komm! Fremd und verloren
Starrt' er am Ufer: Ist es so lang',
O du Geliebter,
Daß du gestaunt, wer über die Berge
Niederbrausend dir zugesungen, —
Heimlich in Wellen
Wer dir gekost den schauernden Fuß, —
Wer dich in ungesehenen Armen,
Küssend und lachend und leib=überströmend,
Abwärts geschaukelt,
Bis sich auftat des Grenzenlosen
Ewiges Wallen, ewige Stille —
Denkst du es noch?

Dryaden (wie oben)

Komm, du Geliebter! — Fremd und vergessen
Blickt' er, da er vorüberschritt —
Komm, komm! Denkst du es noch,
Wie dir die Seele
Schlummert' und schwieg im Schweigen des Waldes,
Wie du zum Wipfel sahst und sannst,
Wer unsichtbar, unvernommen,

Dich so umfange, dich so befriede —?
Stille, Stille —
Rieselnde Säfte, saugende Wurzeln,
Blüten und Bienen, treibend und schwärmend,
Eines vom Andern, Eines zum Andern —
Leises, trautes, träumendes Sehnen,
Ewiges Weben, ewige Stille —
Denkst du es noch?

Alle.

Komm doch, Geliebter —

Komm!

Komm!

Hippolytos (rasch erhoben).

Phädra! Bleibe — sprich zu mir;
Sterben soll ich: diese Falschen,
Alle locken sie zu sterben, —
Wie sie singen, wie sie schmeicheln,
Alle enden sie in Stille —:
Nein, nicht Stille! nein, nicht sterben!
Leben will ich — gib mir Leben,
Phädra! Phädra!

(Er stürzt in den Tempel, die Tür fällt hinter ihm zu.)

(Der Priester und Leontes kommen zurück.)

Leontes.

Entrückt! Vom Gottesaar ergriffen und entrückt!
(Emporweisend)
Dort ist er!

Laß uns mit den Händen, Greis,
Das Herz zusammenpressen,
Daß es nicht schreie. Preise sein Geschick,
Und auch den Göttern sage Dank und Preis —
Das ist nicht meines Amts.

(Er wirft sich heftig auf einen Felsen zur Rechten nieder.)

Nicht ihren Himmel
Neid' ich den Himmlischen, —
Doch ihn!

Theseus war während der letzten Worte mit einer kleinen Schar von links her er=
schienen.)

Theſeus (zu ſeinen Begleitern)

Es naht die Nacht. — Geht nun. — Heißt Phädra's Frauen
Bereiten dort, was not.

(Er hat nach dem Tempel gewieſen. Die Krieger entfernen ſich nach der rechten Seite.

Theſeus (näher zu Leontes hin)

Die Toren wiſſen Alles:
Auch, daß ihn nicht der Erde Mund verſchlang.

Prieſter.

Du ſpotteſt, dich zu quälen.

Theſeus.

Biſt du weiſe,
So ſchweig. Das Erſte und das Letzte iſt's.

(Rufe hinter der Szene)

Was ſoll der Lärm?

Leontes (nach rechts hinausblickend)

Tot iſt Hippolytos!
Die Frauen klagen's und die Felſen mit.

(Er geht langſam ab Theſeus läßt ſich links nieder und ſtützt den Kopf auf die
Hände.)

Theſeus.

Tot — tot.

(Heftig zum Prieſter:)

Was ſchweigſt du? Schrei' es aus: Rein war er, ſchuldlos
Du weißt's. Ihr wißt es all'.

(Er ſteht auf)

O, daß ihr wüßtet!
Daß ſie Verrat geübt! geheuchelt! — ha, ein Weib!
Greu'l, Schmach — o ſei's!

Was jagt durchs Hirn? War's darum?
Nicht kundtun wollt' er's, floh und ſchwieg —? O wär's ſo!
Und ich — weh mir, in meiner Schuld verbrennend,
Nennt' ich doch ſeinen Namen ohne Grau'n
Und ſchlüge mir ins Angeſicht, — nicht ihm!
Mehr, als des Weibes, iſt des Freundes Treu',
Und er, — von allen Freunden, vielen und getreuen,
Der liebſte war er mir!

Sag', war er ſchuldlos?
Ha, du — du Wiſſender, ſo ſprich!
Da — kehr' den Dolch herum!

144

Dritter Akt

Theseus *(auf seine Brust weisend)*

Du glaubst nicht mehr —   Weh dir, du schweigst.

Priester.

Herr, er war schuldlos.

Theseus.

                                        Nein!
Geheuchelt hat sie nicht! — Ins Antlitz mir
Solch Spiel —: was fern von dem, ist Phädra.
Gemordet hätte sie mich wohl im Schlaf, —
Doch dies —!
            Noch seh' ich — nun erst seh' ich sie!
Wie sie es sprach, — mit bebendem Mund,
Des Atems letzten Rest zusammenraffend,
So still, so stark, — zu sich nur: „Buhlerin
Will ich nicht sein" —

Priester *(in mächtiger Bewegung zu ihm tretend)*

                            Herr, — er ist schuldig! er —
Und du, — und ich — und was da lebet unter'm Mond!
Das — o ihr Mächte! —
Das bot er ihr! dies Wort!
Weh, weh, erduldet hat sie Unaussprechliches!

Theseus *(blickt ihn starr an)*

Er ihr — —!
Halt ein! — Welch Bild erschau' ich?
(Nach einer Pause fast tonlos)
                                        Ja, mich dünkt:
Du trafft es.

Priester.

„Laß uns schweigen vor dem Schicksal,
Und wenn die Götter richten, laß uns abseits steh'n" —
Also, da ihm gesagt ward, wie's geschehen,
Erwiderte dein Sohn Hippolytos.
(Theseus steht schweigend, abgewendet, den Blick auf den Boden geheftet.)

Priester.

Blick' auf, mein König —

Theseus.

Wahnsinn also —
Getötet hab' ich meinen —

10

Hippolytos

Nein, nein, nein!
Ihr Blick — nicht Wahnsinn war's.

Laß, laß mich schauen —
O Greis, versteinernd, wie der Gorgo Haupt,
Bricht Wahrheit durch den Dämmer.

(Ein Zug von Frauen, unter ihnen Berenike, mit Oelkrügen, Bändern, Blumen-
kränzen und anderen Weihespenden, kommt von der Rechten her; Fackelträger gehen
ihnen voran. — Während des Folgenden nähern sie sich langsam dem Tempel.)

Theseus.

Komm. Die Frauen nah'n. —
Laß uns mit Blumen schmücken ihren Gruftaltar,
Und still ein wundersam Geheimnis ahnen.
Ich aber, der ich nicht der Götter Näh' gefühlt,
Muß tragen, was verhängt ward und noch wird verhängt.

(Näher, des Priesters Hand ergreifend)

Nicht kranken Hirnes Wahnsinn war ihr Wahn. —
O du! mein Sohn! dein reines Gottesfeuer
Fiel in ihr Herz, — in Schmerzen hat's
Vergöttlichend ihr Wesen aufgezehrt!

Priester

Welch Licht auf deiner Stirn! O Herr, wer spricht aus dir?

Theseus (immer erhobener)

Ich sah — und nun erst weiß ich, was ich sah.
Sein Bild noch vor der Seele — wie sie bat:
Rühr' mich nicht an! Ihr Blick, so fern, so hoch!
Und vorgeneigt hob schwebend sich der Leib,
Sanft wehrend mit den Armen, — auf die Wangen
Ergoß sich aus den Augen fremder Glanz:
Begeist'rung war's! Und Furcht und Zärtlichkeit
Und süß Verlangen — Liebe! — Götter, Götter,
Verwandelt habt ihr sie! Ihm, ihm entgegen
Wie in den fernsten Himmel strebt' ihr Wesen ganz.
Erschauernd doch vor seiner Näh' —
Und Phädra sah ich da zum erstenmal:
Ein Mädchen war sie, — da, im Augenblick
Des letzten Traums von Reinheit und von Glück!
Eh' sie, zum Unerträglichen erwachend,
Den Tag nicht mehr ertrug.

146

Ja, laß uns kränzen ihren Gruftaltar,
Auf ihre Urne Myrten streu'n!
Denn wie ein Mädchen, wie ein süßes, reines,
Mit Scham und Furcht und Glut und Zärtlichkeit
Und mit Begeist'rung hat sie ihn geliebt!
Komm. Und ist dies geschehn, noch einmal dann
Such' ich nach ihm. Gebt mir den toten Sohn,
Ihr Götter! nichts auf Erden will ich sonst.

Priester.
So spielt ihr über eine Welt hinweg
Und werft einander, gleich wie Bälle,
Die Wesen zu, du große Aphrodite,
Du heil'ge Artemis! — Hinüber und herüber,
O König, wie die Seelen sie getauscht:
Zurückgeschaudert ist er vor der Lebenden,
Die Tote überwältigt ihn!
                              Ha, sieh —!

(Die Frauen waren an der Tempeltür angelangt; in dem Augenblick, da sie öffnen wollten, war Hippolytos herausgetreten, bleich, verstört, die Urne mit Phädra's Asche in beiden Händen tragend. Er bleibt auf der Schwelle steh'n. Berenike auf den Stufen, unmittelbar vor ihm, fährt entsetzt zurück.)

Berenike.
Fort, Schrecklicher!

Die Frauen.
Er ist's!

Theseus (hintretend, von seinem Anblick erschüttert)
                    Mein Sohn — mein Sohn —

Hippolytos (zu Berenike)
Sag', wo ist Phädra?

Berenike.
Schütze mich, Herrin! — Götter, steht mir bei!
In dein Totenhaus zurück,
Blutloser Schatten —
Ich will dir Opfer bringen, — Honig, Oel, —
Fort!

Hippolytos.
    Wo ist Phädra?

Berenike.

Er weicht nicht. Gnade, Gnade!
Willst du sie töten? nochmals, nach dem Tod? —
Er zuckt zusammen. — Hast du Furcht?
Fürchte sie! Gemordet hast du sie!
Ihr ins Antlitz solche Schmach —
Ja, zu Tod, Grausamer,
Trafft du sie! —
Zu Boden starrt er. Fort!
Kein Opfer hier für dich!

(Hippolytos blickt sie wieder unverwandt an.)

Gnade, Gnade!
Den Augenstachel bohrt er in mich ein,
Das Leben saugen solche Blicke! —
Er forscht in mir. — Was tat ich? Weh!
Zu ihr geh'! Sie war's!
Schweigen mußt' ich —
Nachts kam sie, — weiß, mit off'nen Totenaugen,
Zu schweigen befahl sie mir,
So schwieg ich. — Fort! Erbarmen —

Hippolytos (leise, über sie hinausblickend)

Wo ist Phädra?

Berenike.

Du trägst sie in den Händen.

Hippolytos.

Das —

Das ist nicht Phädra.

(Er reicht die Urne traurig von sich; eine der Frauen empfängt sie.)

Hippolytos (milde, auf den Stufen des Tempels halb liegend)

Niemand weiß es — Niemand.

(Leontes, Straton, Krieger erscheinen auf der Bühne und sammeln sich um Hippolytos. — Theseus regungslos ihm gegenüber, in seinen Anblick versunken.)

Priester (zu Theseus)

Herr, sprich zu ihm.
Im Zauberwald der Schatten irrt er um,
Und schwer ins Leben findet er zurück.

Theseus.

Er wird nicht leben.

Priester.

Sprich zu ihm.

Dritter Akt

Theseus (zu Hippolytos herabgebeugt)

Mein Sohn, ins stille Reich nimm mich mit dir.

(Mächtiges Rauschen erhebt sich ringsum. Der Mond tritt langsam aus den Wolken.)

Nymphenchor.

Komm, du Geliebter!

Komm!

Komm!

Theseus.

Getötet hab' ich dich, Hippolytos —
Kannst du vergeben, kannst du mich noch lieben:
O nimm mich mit.

Hippolytos (freundlich seine Hand haltend)

Mein Vater, — sie ist da!

(Er blickt zum Mond auf, dessen helles Licht, wachsend und langsam vorschreitend, nach und nach über die Bühne sich ergießt.)

Hippolytos.

Zwischen Wolken siehst du dort den Lichtglanz?
Näher, näher auf den Felsen schwebt sie,
Liebt's auf ihm zu weilen, lange, lange,
Kommt noch nicht, das Leben mir zu lösen,
Sie, die Göttin-Jungfrau Artemis.

Weile, Göttin! — Kann es sein, so zög're!
Komm noch nicht und löse mir das Leben!
Wandern will ich, — suchen, was ich liebe —
Werd' ich finden, Göttin? werd' ich finden?

O mein Vater, hab' mich müd' gewandert,
Soll noch wandern, — suchen auf der Erde:
Labung gib mir! Weit ist, weit die Erde —
Werd' ich finden, Vater? werd' ich finden?

Schweigst und weinest. Weine nicht, o Vater!
Leiser schon im Herzen schlägt die Unruh' —;
Näher, sieh'! vom Felsen auf die Hänge,
Von den Hängen auf die Wiese schimmert's —
Schön ist's, wenn sie kommt im weißen Lichtglanz,
Meine Göttin-Jungfrau Artemis.

Einen Pfeil wird sie vom Bogen senden,
Glänzend, gleitend, wie ein Strahl des Mondes —

Sanft, so sagt man, töten ihre Pfeile,
Milde lösen sie des Lebens Fugen:
Weine nicht, o Vater, wenn ich sterbe!

(Das Licht kommt immer näher, bis es ihn endlich ganz überfließt.)

Nah! so nah! Weh, kalte Wellen rieseln
Durch die Glieder — muß es sein, o Göttin?
Nicht in diese Mauern laß verschließen
Meine Jugend! Weile noch, o weile!
Vater — Vater, sieh!

Artemis (unsichtbar)
Hippolytos!

Hippolytos (springt auf)
Woher? O Stimme! Ueber mich nieder,
Unter mir, um mich, zur Rechten, zur Linken —
Auf mich ein! O woher?
Hall — Hall — Wiederhall —
Es hallt umschwingend die Welt —
Wo bist du, Göttin? rufst du mir noch?

Artemis.
Fern bin ich, nah' schein' ich:
Auf bebenden Wellen
Schweb' ich dir leuchtend zu.
Schweigt, ihr hallenden Wirbel!
Glättet euch, Wellen des Aethers!
Sanft im Kreis
Um meinen Liebling wallt,
Nicht Aug', noch Ohr überstürmend.

Hippolytos (in Begeisterung hochaufgerichtet)
Hat deine Huld voreinst
Verheißung mir zugeraunt,
Unter den Eichen, an den Wassern der Berge:
O gedenke deff' heut'!
Teile den glanzgesponnenen Schleier,
Wie du bist, laß mich dich schau'n!
Sanft schwellen ums Haupt, sanft
Schwingen im Herzen die kreisenden Wellen —
Und die Brust

Füllt ein verborgen=inniges,
Ewiges Sehnen!

Artemis.

Mädchen hießest du deine Göttin:
Wie in dir ich bin, bin ich in mir.
Hallende Wirbel, sinnüberstürmende,
Glätten sich ewig
In der Götter innerstem Heim —
Sanft schwellen ums Haupt, sanft
Schwingen im Herzen die kreisenden Wellen,
Und die Brust
Füllt ein verborgen=inniges,
Ewiges Sehnen.

Hippolytos (lehnt sich ermattend zurück. Theseus umfängt und stützt ihn.)

Meine Seele ist traurig,
O Göttin, und schwer.
Was soll in den Augen
Die aufquellende Flut?
Schwer lastet's im Sinn —:
Verloren — gelassen — vergessen —!
Etwas, du Hehre, etwas
War auf Erden mein Sehnen —
Wie ließ ich's nur? was war es — sag'?
Zurück laß es mich sinnen —:
Da —! sie war's! — — O wer?
Verloren — verloren —
Sanft im Kreise
Wallt das Licht —

Artemis.

O mein Liebling, das ist Sterben!

Hippolytos (bang)

Sterben — sterben —

Artemis.

Wie des Mädchens
Tief in sich gehülltes Sehnen, —
Leises Wallen, rege Stille, —
Hellen Mondlichts
Ruhig Leuchten, rastlos Schwingen:

151

Also ist's, wenn du gestorben,
Also webt das ew'ge Leben,
Wo die Göttin=Jungfrau wohnt.

Hippolytos (lächelt hell auf)

Sterben! sterben!

Artemis.

Ja, so rufst du
Nach des Lebens letzter Tiefe,
Nach der Stille, wo du schlummerst
An des ew'gen Mädchens Brust.
Bis sich aufmacht Aphrodite,
Dich zu finden, den Entfloh'nen, —
Denn nicht gönnt sie Erdenkindern
Leben der Unsterblichkeit; —
Und dann rufst du: Leben! leben!
Drängend in das Reich des Todes,
In der Sterblichen Geschlecht.
Träume wirft sie in den Schlummer,
Feuer schlägt sie aus dem Licht;
Von des Lebens stillster Tiefe,
Von dem Schoß der Göttin=Jungfrau,
Von einander — zu einander
Reißt sie wirbelnd alle Wesen,
Daß sie suchen, leiden, klagen,
Suchen in dem Reich des Todes
Leben der Unsterblichkeit.
Und schon hör' ich fernes Rauschen,
Rauscht ihr Schritt auf dunkler Meerflut, —
Ja, schon naht sie, seltsam=eilig,
Die Verliebte, Eifersücht'ge, —
Denn sie liebt dich, liebt dich doppelt:
Lange hast du ihr getrotzt.
Und schon zucken leise, leise,
Kaum erstarrt, die schönen Glieder,
In den Schlummer, kaum begonnen,
Wirft sie schon den bunten Traum.
Schlumm're, schlumm're —!

Will dich heben, will dich tragen, —
In das Heim der stillsten Göttin
Komm, du mein Geliebter, komm!
Kämpfen will ich mit der Mächt'gen,
Nicht so bald den Liebling lassen; —
Näher, näher hör' ich's rauschen,
Warmes Strömen durch die Lüfte —
In die Lippen
Soll sie nicht ihr Feuer hauchen:
Mit den meinen schließ' ich sie —
Schlumm're — schlafe!

Hippolytos (zurücksinkend)
Phädra! Phädra!